Rüdiger Safranski

Wieviel Globalisierung verträgt der Mensch?

Rüdiger Safranski

Wieviel Globalisierung verträgt der Mensch?

Büchergilde Gutenberg

www.buechergilde.de
Lizenzausgabe für die Büchergilde Gutenberg,
Frankfurt am Main, Wien, Zürich,
mit freundlicher Genehmigung
des Carl Hanser Verlags, München, Wien

Reihengestaltung: Klaus Detjen, Holm
Umschlagfoto: Jürgen Bauer, Wiesbaden
Herstellung: Thomas Pradel, Frankfurt am Main
Satz: Dörlemann Satz, Lemförde
Druck und Bindung: Ebner & Spiegel, Ulm
Printed in Germany 2004 · ISBN 3 7632 5436 6

Inhalt

I
Erste Natur, zweite Natur

Der Mensch ist ein Wesen, das sich zu sich selbst verhalten kann. Was man in einer philosophischen Tradition »Vernunft« nennt, ist genau dieses Vermögen zum Selbstverhalten. Man hat »Vernunft« von »Verstand« unterschieden. »Verstand« entdecken wir auch im Tierreich. Der Schimpanse, der durch Erfahrung lernt, mit einem Stock nach der Banane zu angeln, beweist verständiges Verhalten. Verstand ist am Werk, wo Werkzeuge hergestellt werden. Noch tierischer Verstand versteht sich auf die Mittel, die Zwecke aber werden ihm von den Instinkten vorgegeben. Vernunft, im Unterschied zum Verstand, vermag über Zwecke zu disponieren. Das setzt ein Selbstverhältnis voraus, das Selbstdistanz ermöglicht und folglich die Zweck-Mittel-Relation überblicken kann. Vernunft kommt ins Spiel, wenn das Wissen den Willen nicht nur begleitet, sondern ihn hervorbringt; kurz: wenn man sich langfristige Ziele setzen kann, für die man den Willen erst mobilisieren muss. Dazu muss man aus sich heraus-, über sich hinaustreten können. Die Karriere des Menschen als Vernunftwesen beginnt also mit dem Schritt des Aus-sich-Heraustretens, des Transzendierens.

Das transzendierende Tier, der Mensch, genießt die stolze Distanz, mit der er auf das Ganze blickt; das gibt ihm die Empfindung einer Gottähnlichkeit. Zugleich bemerkt er, dass er zwar aus sich heraustreten, dabei aber doch nicht aus der Tierwelt austreten kann: er gehört ihr an. Er ist hin und her gerissen zwischen einem Gott, der das Ganze sieht, und einem Tier, das zum Ganzen gehört.

Was aber ist das Ganze? Schopenhauer hat es so gesehen: *Im unendlichen Raum zahllose leuchtende Kugeln, um jede von welchen etwan ein Dutzend kleinerer beleuchteter sich wälzt, die, inwendig heiß, mit erstarrter, kalter Rinde überzogen sind, auf der ein Schimmelüberzug lebende und erkennende Wesen erzeugt hat.*

Das ist eine globale Selbstwahrnehmung des Menschen, die kaum noch von einer Depression zu unterscheiden ist: das erkennende Leben entdeckt sich als Schimmelüberzug auf einem erkalteten Planeten.

Wenn die Vernunft solche Blicke auf das Ganze werfen kann, regt sich der Verdacht, dass man mit einer solchen Vernunft wie mit einer Krankheit geschlagen sein könnte. Ist sie nicht eine Überforderung? Sind wir nicht gerade deshalb »Mängelwesen«, weil wir auf einen zu weiten und zu fernen Horizont, eben auf das Globale, hinausblicken können? Ist unser Reichtum an Erkenntnissen und Perspektiven nicht auch unsere Schwäche?

Der Mensch ist, mit Nietzsche gesprochen, das *nicht festgestellte Tier.* Ein Halbfabrikat: ein Wesen, das nicht restlos fertig ist, sondern sich erst noch vervollständigen muss und dafür die bemerkenswerte Fähigkeit besitzt, die natürlichen Mängel mit Geschick und Intelligenz zu kompensieren. Mängelwesen – das bedeutet: die Instinktausstattung des Menschen ist – im Vergleich zum übrigen Tierreich – unzureichend. Der Mensch kann sich nicht auf seine Instinkte verlassen, er hat zu viele Optionen. Es gibt zu wenig Zwang und zu viel Freiheit. Wo ihn die Natur im Stich lässt, musste er, um überleben zu können, seine Evolution selber in die Hand nehmen. Man kann es auch so formulieren: Der Mensch ist von Natur aus auf Künstlichkeit, also auf Kultur und Zivilisation angewiesen. Als das nicht festgestellte Tier, gestaltet er – durch Kultur also – seine Natur, die kulturelle *zweite Natur.* In der Fantasie war er immer schon ein Stück weiter und hat seine zweite Natur imaginär antizipiert und eingeübt. Beispielsweise unternahm er in der Religion, in der Metaphysik und im Märchen die ersten Flugversuche. Seitdem wir wirklich fliegen können, verlieren Religion, Metaphysik und Märchen an Bedeutung. In seiner ersten Natur ist der Mensch ein angstbestimmtes Wesen. Überall lauern Gefahren, und da bei ihm die Fantasie stärker entwickelt ist als die Instinkte, sieht er in der bedrohlichen Außenwelt lauter fantastische Kausalitäten. Um von seinen eigenen Fantasien nicht überwältigt zu werden, musste der Mensch das Erkennen erfinden. Und so erkannte er beispielsweise, dass meteorologische Verhältnisse den Blitz erzeugen. Es war dann nicht mehr ein Gottesgericht, das den Menschen als Blitz in ihr Gewissen einschlug. Statt zu beten, baute man lieber Blitzableiter. Die zweite Natur, die wir uns schaffen, ist, neben vielem anderen, eine solche Blitzableiterkultur. Sie bedeutet Entlastung, Einschränkung der Angst, Risikominderung. Mit der Technik schaffen wir uns Prothesen, Panzer, Schalen, Schutzräume.

Kein Zweifel: Die Kultur von Technik und Wissenschaft bekommt uns in der Regel gut. Doch wir haben auch Probleme damit, weshalb uns bisweilen der Verdacht beschleicht, dass es vielleicht besser wäre, weniger zu wissen. Dieser Verdacht ist so alt wie die Kultur selbst.

In der griechischen Antike gab es eine Konkurrenz zwischen theoretischer Neugier, repräsentiert durch die Philosophie, und der Kunst der Tragödie. Platon liebte die Tragödie nicht, denn ihre Weisheit liegt darin, bestimmte Dinge im Dunkeln oder unentscheidbar zu lassen. Man denke an das Drama zwischen Antigone und Kreon, wie es sich auf der Bühne des Sophokles abspielt. Eigentlich haben beide Recht, woraus eine furchtbare Kollision entsteht – mit tragischem Ausgang. Dass jeweils beide Recht haben können, will ein Philosoph wie Platon nicht akzeptieren: Den Dingen auf den Grund zu gehen, bedeutet für ihn, eine eindeutige Entscheidung über das Gute und das Schlechte treffen zu können. Der richtige Logos weiß, was richtig ist. Zur Tragödie kommt es aus der Sicht Platons nur dann, wenn mangelnde Erkenntnis die einmal gegebenen Verhältnisse trübt. Nehmen wir eine tragische Figur wie Ödipus, von der man nicht sagen kann, dass es ihr gut bekommen sei, alles über sich herausgefunden zu haben. Ohne das Furchtbare, das er erfuhr, hätte er besser leben können. Das Wissen-Wollen ist ihm zum Verhängnis geworden. Ein drittes Beispiel ist Prometheus, der im griechischen Mythos den Menschen das Feuer bringt und damit ihren kulturellen Aufstieg erst ermöglicht. Weniger bekannt ist eine andere Version des Mythos, die Euripides berichtet. Dort hockten die Menschen dämmernd und tatenlos in ihren Höhlen, denn sie kannten die Stunde ihres Todes. Sie wussten zu viel. Da kam Prometheus und schenkte ihnen das Vergessen. Zwar wussten sie nun weiterhin, dass sie sterben würden, nicht aber, wann. Indem Prometheus ihnen dieses unzumutbare und nicht lebbare Wissen nahm, entlastete er sie, und so kam unter ihnen wieder der Arbeitseifer auf, und den stachelte Prometheus mit dem Geschenk des Feuers noch zusätzlich an.

In der griechischen Tragödie und im Mythos ist ein Problem gesehen und begriffen, das darin besteht, dass es in den Angelegenheiten des Wissens und damit in der zweiten Natur, also der Kultur, zu viel des Guten geben kann, eine Selbstüberforderung durch Technik und Wissen. Das Problem lässt sich auch so formulieren: Wie weit kann der Mensch sich mit seiner zweiten Natur – also der kulturellen – von der ersten Natur entfernen? Kann seine zweite Natur nicht in einen sogar selbstzerstörerischen Gegensatz zur ersten Natur geraten?

Das Problem lässt sich an vielen Beispielen erörtern. Besonders nachdrücklich stellt es sich bekanntlich bei der Waffentechnik. Es lässt sich nicht leugnen, dass unsere emotionale Grundausstattung uralt ist, gewissermaßen zur ersten Natur gehört. Das gilt auch für unser Aggressionspotenzial. Aber statt Keulen, die eine begrenzte Reichweite haben, besitzen wir jetzt die moderne Waffentechnik. Ein Knopfdruck und Hunderttausende sterben. Wir können uns die Wirkung unseres Handelns kaum noch vorstellen. Wir können mehr herstellen als wir uns vorstellen können. Das alles ist bekannt und wird bedacht, ohne dass damit freilich das Problem aus der Welt ist. Und diese Spannung betrifft heute das Problem der Globalisierung.

Die Globalisierung hat in den letzten Jahrzehnten eine ungeheure Dynamik erfahren, aber ihre Vorgeschichte reicht weiter zurück. Ich gebe zwei Beispiele. *Die große Industrie hat den Weltmarkt hergestellt … Die fortwährende Umwälzung der Produktion … zeichnet die Epoche aus … Alle festen eingerosteten Verhältnisse mit ihrem Gefolge von altehrwürdigen Vorstellungen und Anschauungen werden aufgelöst … Alles Ständische und Stehende verdampft, alles Heilige wird entweiht,* lesen wir in einem Text aus dem 19. Jahrhundert.

Ein anderer Autor schrieb ungefähr zur selben Zeit: *Jetzt kann sich eine kleine Landstadt und ihre Umgebung mit dem, was sie hat, was sie ist, und was sie weiß, absperren: Bald aber wird es nicht mehr so sein, sie wird in den allgemeinen Verkehr gerissen werden. Dann wird, um der Allberührung genügen zu können, das, was der Geringste wissen und können muss, um vieles größer sein als jetzt. Die Staaten, die … sich dieses Wissen zuerst erwerben, werden an Reichtum und Macht und Glanz vorausschreiten, und die andern sogar in Frage stellen können.*

Beide Texte stammen aus der Mitte des 19. Jahrhunderts; der erste findet sich im »Kommunistischen Manifest« von Marx und Engels; der zweite im Roman »Nachsommer« von Adalbert Stifter. Der eine Text ist revolutionär, der andere konservativ. Aber aus beiden Perspektiven folgt, dass die moderne Globalisierung schon zu jener Zeit begonnen hat und im damaligen

Bewusstsein als der Beginn einer Zukunft erlebt wird, die, wie wir inzwischen wissen, seitdem nicht aufgehört hat zu beginnen.

Das von Menschen gemachte Netzwerk der zweiten Natur, das wie ein Schimmelpilz unseren blauen Planeten überzieht, ist global. Im 16. Jahrhundert wurde in Nürnberg der erste Globus angefertigt. Seitdem gibt es ein materielles, wenn auch nur modellhaftes Pendant zum globalen Bewusstsein. Man bekam, wenigstens im Modell, die Welt in die Hand. Knapp fünfhundert Jahre später haben dann unsere Weltraumpiloten zum ersten Mal wirklich einen Blick auf unsere Welt als Globus werfen können. Seitdem haben wir uns wie an alle Bilder so auch an dieses Bild gewöhnt. Die Mondlandung 1969 und der Blick aus dem Weltraum, vom Mond auf unseren blauen Planeten, ist wahrscheinlich die Geburtsstunde des modernen globalen Bewusstseins. Damals begann der Absturz von der Euphorie in die Panik. Denn indem die Weltgesellschaft und die Weltgeschichte wie noch nie zuvor in die Globalisierung hineingerissen wird, erwacht auch der angstvolle Zweifel, ob es nicht zu viel oder zu viel falsche Globalisierung gibt, ob man sich überhaupt noch in der richtigen Veranstaltung befindet. Die Zweifel und das Unbehagen münden schließlich in die anthropologische Frage: Wieviel Globalisierung verträgt der Mensch?

II
Globalisierung

ZUNÄCHST EINIGE TATSACHEN.

Wir leben in einem Zeitalter der Globalisierung, keine Frage. Es gibt seit der Atombombe eine globale Gemeinschaft der Bedrohung. Raketen erreichen jeden Punkt der Erde. Das Atomwaffenpotenzial erlaubt den kollektiven Selbstmord der Menschheit und die globale Verwüstung. Das Leben auf dem Globus steht zur Disposition. Kriege beschränken sich nicht mehr auf Regionen und werden auch nicht mehr nur von Staaten geführt. Entstaatlichte Gewalt oder ein Terrorismus mit wechselnden staatlichen Stützpunkten sowie die damit eng zusammenhängende organisierte Kriminalität operieren global und versuchen, an Massenvernichtungswaffen heranzukommen. Seit dem 11. September wissen wir es, aber schon vorher mussten wir es befürchten. Eine terroristische Umfunktionierung der zivilen Atomnutzung, beispielsweise durch einen Anschlag auf ein Atomkraftwerk, ist jederzeit möglich. Auch andere hoch gefährliche, einstweilen noch zivil genutzte Techniken, wie Bio- und Gentechnik, können terroristisch eingesetzt werden – mit globaler Auswirkung. Diese Stichworte mögen genügen, um darauf hinzuweisen, dass die moderne Globalisierung mit der Globalisierung von Angst und Schrecken begonnen hat.

Das gilt auch, wie bekannt, für den ökologischen Aspekt der Globalisierung. Der ökonomische und industrielle Raubbau auf der Erde, in der Luft und zu Wasser verdichtet sich zu einer einzigen furchtbaren Drohkulisse. Globalisierung in diesem Sinne bedeutet Plünderung unseres Planeten.

Die Liste der Schrecken, die mit Globalisierung verbunden oder sogar auf sie zurückgeführt werden können, lässt sich fortsetzen. Krankheiten geraten wirklich oder phantasmatisch in den Sog der Globalisierung. Aids verwandelt die Welt in eine globale Ansteckungsgemeinschaft. Auch die Überbevölkerung gehört zum schreckenerregenden Aspekt der Globalisierung.

Dazu kommen die im engeren Sinne ökonomischen und technischen Vorgänge der Globalisierung, durch welche die Dichte der Vernetzung wächst: wirtschaftlich, kulturell, touristisch, wissenschaftlich, technisch und kommunikativ. Nach einer Definition der OECD ist die Globalisierung der Wirtschaft jener Prozess, durch den Märkte und Produktion in verschiedenen Ländern zunehmend voneinander abhängig werden infolge des grenzüberschreitenden Handels mit Gütern, Dienstleistungen und Arbeitskräften und der Bewegung von Kapital und Technologie. Mit der Globalisierung triumphiert ein Kapitalismus, der nach dem Zusammenbruch des Ostblocks zum allein dominierenden Wirtschaftsmodell geworden ist. Trotz der fortbestehenden politischen und religiösen Unterschiede vereinheitlichen sich die Wirtschafts- und Technikformen, allerdings auf verschiedenen Entwicklungsniveaus. Es gibt Gegenbewegungen, die aber auf Kapital und westliche Technik angewiesen bleiben. Die Deregulierung der Finanzmärkte ruiniert ganze Volkswirtschaften. Global operierende Konzerne entmachten die lokale und legitimierte Politik. Kapitalströme gehen wie die wirklichen Ströme über Grenzen hinweg und verursachen nicht nur im metaphorischen Sinne Überschwemmungen und Wildwuchs hier und Austrocknung und Dürre dort. Das Ganze wirkt wie eine Naturkatastrophe globalen Ausmaßes, ist aber menschengemacht, wenngleich nicht geplant. Es geht dabei technisch und kalkuliert zu, mit durchgerechneten Strategien der Gewinnmaximierung. Die Prozesse sind im Einzelnen rational und im Ganzen unvernünftig. Dabei ist für Öffentlichkeit gesorgt. Mit Hilfe der globalen Informationstechnologie kann man überall auf der Welt wissen, was überall auf der Welt geschieht.

Zur modernen Globalisierung gehört dieses hohe Maß an Selbstreferenz und Selbstsichtbarkeit. Schon seit je hing alles mit allem irgendwie zusammen. Aber früher waren es Prozesse hinter dem Rücken der Beteiligten. Heute indes gehört die zwischen Euphorie und Hysterie schwankende Selbstwahrnehmung der Vernetzung zur modernen Globalisierung. Sie bedeutet also erstens Vernetzung an sich und zweitens Vernetzung, von der man weiß oder besser: um die man weiß – weil man es ja nicht so genau weiß, sondern nur überhaupt weiß, wie sehr alles miteinander verknüpft ist. Moderne Globalisierung ist selbstreferentiell und, was die kommunikativen Techniken betrifft, vollzieht sie sich inzwischen in Echtzeit.

Nun ist Globalisierung nicht nur der Inbegriff der schlechten Nachrichten, die um den Globus gehen. Es gibt ja auch erfreuliche globale Kooperationsgemeinschaften. Die lebenserleichternden und lebensbewahrenden Effekte der Ausbreitung moderner Naturwissenschaft, Medizin und Technik sind nicht zu leugnen. Es gibt, als globale Institution, die UNO und ein sie ergänzendes oder auch mit ihr konkurrierendes dichtes Netz zwischenstaatlicher und überstaatlicher Organisationen und Vereinbarungen zur Eindämmung von Gewalt und Krieg. Eine Weltöffentlichkeit ist etabliert, tyrannische Regime müssen sich beobachtet fühlen und geraten unter Legitimationsdruck. Menschenrechtsverletzungen, auch wenn sie nicht regelmäßig geahndet werden, bleiben nicht unbemerkt und veranlassen

Proteste. Ein Internationaler Gerichtshof befindet sich im Aufbau. Es wächst die Bewegung von Globalisierungskritikern, die virtuos die weltumspannenden Informations- und Mobilisierungstechnologien nutzen.

III
Globalismus

»Globalisierung« ist kein einheitlicher Prozess, sie ist vielfältig, deshalb spricht man besser von »Globalisierungen«. Es fehlt auch nicht an alternativen (Gegen)-Globalisierungen, Versuche, die Dynamik von Kapital und Technik zu kontrollieren und umzugestalten. Wenn die Globalisierungskritiker – das können Staaten, Organisationen oder Einzelne sein – ihre ökonomischen und informatorischen Netzwerke knüpfen, dann geht es ihnen darum, konkrete Handlungsspielräume zurückzugewinnen und alternative Formen eines globalen Ethos zu entwickeln. Das geschieht zumeist auf praktischer Ebene, aber die Größe der globalen Aufgabe begünstigt auch die Entstehung ideologischer Großtheorien des Globalen, ob in kritischer oder in affirmativer Absicht. Deshalb haben wir es nicht nur mit faktischen Globalisierungen zu tun, sondern auch mit dem »Globalismus« als Idee oder Ideologie.

Der Globalismus als Ideologie erzeugt das Bild einer Weltgesellschaft, die einheitlicher erscheint als sie ist. Häufig wird die Tatsache verdrängt, dass in dem Maße, wie in bestimmten Regionen die Homogenität wächst, in anderen Regionen sich dramatische Prozesse der Abkoppelung vom übrigen Weltgeschehen vollziehen. Gesellschaften und Regionen kommunizieren miteinander, andere aber werden »weiße Flecken« und fallen auf frühere Entwicklungsstadien zurück. In der in Echtzeit kommunizierenden Welt wachsen die Ungleichzeitigkeiten. Es bilden sich neue Zeitzonen, nicht im Sinne der Uhrzeit sondern der Epoche. In Afrika zum Beispiel lösen sich Staaten auf in Tribalismus, in Bandenkriege; es gibt Refeudalisierung, Raubrittertum, die Seeräuber kehren zurück; unvorstellbare Armut und bestialische Überlebenskämpfe setzen gesellschaftliche Regeln außer Kraft. Das zivilisatorische Minimum verschwindet.

Die dramatischen Ungleichzeitigkeiten veranlassen im öffentlichen Bewusstsein hierzulande unterschiedliche Reflexe. Alles Schlimme, das man im Westen glaubt ausschließen zu können, hält man im Fernen Osten für möglich, beispielsweise einen Atomkrieg zwischen Pakistan und Indien. Wer sich vor Alarmismus bewahren und nicht in Panik geraten will, hält sich an den liberal-gemütlichen, inzwischen aber auch zynischen Grundsatz: fremde Länder, fremde Sitten. Man lobt beispielsweise China für seine rigorose Familienpolitik (»Kinderverbot«), weil sie gegen die Überbevölkerung gerichtet ist, und verabscheut sie zugleich, weil sie unseren demokratischen Standards widerspricht.

Auf dem Boden der Globalisierung entstehen also neue Differenzen, aber kaum die angemessenen Haltungen, damit umzugehen. Der Globalismus als Ideologie will die Zunahme von Ungleichzeitigkeiten und Entwicklungsdifferenzen nicht wahrhaben oder nur als Übergangsphänomen gelten lassen. Insofern ist er nicht realistisch genug. Im Kern ist der Globalismus weniger eine Beschreibung der Wirklichkeit als eine Forderung. Er macht aus dem globalen Sein ein globales Sollen. Globalismus ist die normativ gewordene Globalisierung. Bleibt er dabei undogmatisch, wahrnehmungsreich und beweglich, dann handelt es sich um Ideen – andernfalls um Ideologie. So oder so aber wirkt der Globalismus auf die reale Bewegung zurück, verhüllend, forcierend, lähmend, legitimierend. Als Ideologie ist der Globalismus der geistige Aspekt der Globalisierungsfalle.

Es lassen sich drei Varianten des normativen Globalismus unterscheiden.

Erstens der Neoliberalismus als die wirkungsvollste Variante. Weil er so mächtig ist, prangert ihn die kritische Öffentlichkeit am ehesten an. Der Neoliberalismus benützt den Hinweis auf die Globalisierung als Argument für die soziale Entpflichtung des Kapitals und spekuliert darauf, dass die Staaten um Arbeitsplätze konkurrieren und deshalb mit dem Abbau von so genannten Investitionshindernissen locken, worunter ökologische, gewerkschaftliche, sozialstaatliche, steuerliche Regelungen verstanden werden. Der neoliberale Globalismus ist Legitimationsideologie für die ungehemmte Bewegung des Kapitals auf der Suche nach günstigen Verwertungsbedingungen. Er baut mit dem Hinweis, man könnte von den Kapitalströmen getrennt werden, eine Drohkulisse auf – zum Zwecke der Durchsetzung des Primats der Ökonomie: Staat und Kultur haben der Ökonomie zu dienen. Der Neoliberalismus ist ebenso ökonomistisch wie es der Vulgärmarxismus einst war, er ist deshalb im gewissen Sinne die Wiederauferstehung des Marxismus als Management-Ideologie. Er visiert de facto eine Weltordnung an, die im »Kommunistischen Manifest« so beschrieben worden war: *sie hat alle patriarchalischen, idyllischen Verhältnisse zerstört. Sie hat … kein anderes Band zwischen Mensch und Mensch übrig gelassen als das nackte Interesse, als die gefühllose »bare Zahlung« … Sie hat die persönliche Würde in den Tauschwert aufgelöst …*

Die Ideologen des entfesselten Marktes verstehen sich gut auf das Wechselspiel von Sein und Sollen. Man erklärt, das ökonomische Sein bestimme das Bewusstsein, und fordert zugleich, es solle gefälligst das Bewusstsein bestimmen. Das Wechselspiel zwischen dem Faktischen und dem Normativen bringt argumentative Vorteile: Bei einer normativen Kritik des Marktes zieht man sich auf die Macht des Faktischen zurück, und bei einer empirischen Kritik der Marktrealitäten beruft man sich auf die Idee des Marktes, die angeblich nicht rein verwirklicht worden sei. Man besetzt also zugleich die Felder des Seins und des Sollens, wobei man sich auf Adam Smith beruft, den großen Theoretiker des Marktes. Aber der hat gewiss nicht die unbeschränkte Herrschaft der Märkte verteidigt. Er schreibt: *Nur derjenige ist ein guter Bürger, der willens ist, die Gesetze zu achten. Derjenige ist gewiss ein guter Bürger, der den Wunsch hegt, mit allen Mitteln, die ihm zu Gebote stehen, die Wohlfahrt der ganzen Gemeinschaft seiner Mitbürger zu fördern.* Für Adam Smith kann der Markt nur Gemeinwohl hervorbringen, wenn er auf der Moral des Gemeinwohls basiert. Aus sich selbst heraus kann er die geistig-moralischen Voraussetzungen jedoch nicht schaffen, die zu seinem Funktionieren erforderlich sind. Adam Smith, der ja Moralphilosoph und nicht nur Markttheoretiker war, hatte etwas begriffen, was manche seiner ideologischen Nachfahren aus interessierten Gründen vergessen haben. Joseph Stiglitz, Nobelpreisträger und ehemaliger Chefvolkswirt der Weltbank, selbst ein Wirtschafts-Liberaler, hat jüngst mit der neoliberalen Ideologie abgerechnet, die in den Chefetagen der globalen Wirtschaftsinstitutionen regiert. Er beschreibt, wie man mit dem neoliberalen »Mantra« von Marktöffnung, Privatisierung und Reduzierung der staatlichen Sozialbudgets einer komplexen Wirklichkeit zu Leibe rückt und wie man dabei Volkswirtschaften ruinieren kann, so geschehen beispielsweise in Argentinien und Russland. Ideologisch denken, global handeln: das ist eine besonders unheilvolle Variante des »Globalismus«.

Ein zweiter Aspekt des ideologischen Globalismus ist der Anti-Nationalismus. Mit dem Hinweis darauf, dass die Zukunft im Globalen liegt, glaubt man die Traumatisierungen durch die zerstörerische Geschichte der Nationalismen in Europa überwinden zu können. Globalismus bedeutet in diesem Zusammenhang: nie wieder Nationalismus! Besonders inbrünstig klingen die globalistischen Bekenntnisse in Deutschland. Hier haben die politisch Wohlmeinenden sich zuerst Europa und dann die ganze Welt, also das Globale, als Zuflucht vor der unerfreulichen nationalistischen Vergangenheit erwählt. Dieser Globalismus ist ebenfalls (wie auch der Neoliberalismus) normativ, allerdings in weltbürgerlicher Absicht. In transnationalen Verbindungen unten und oben, kommunikations- und verkehrstechnisch gestützt, sollen wir uns aus den nationalen Brutkästen und von den einschlägigen Erregungszuständen befreien. Das ist durchaus wünschenswert, bedenkt man die schlimmen Auswüchse des Nationalismus. Aber an der anthropologischen Grundbedingung, dass Mobilität und Weltoffenheit durch Ortsfestigkeit ausbalanciert werden muss, ändert auch der antinationalistische Globalismus nichts. Wir können global kommunizieren und reisen, wir können aber nicht im Globalen wohnen. Wohnen können wir nur hier oder dort, aber nicht überall. Für die besonders emphatische Ortsfestigkeit haben wir im Deutschen den schönen Ausdruck »Heimat«. Aber gerade in Deutschland löst dieser Ausdruck Alarmsirenen aus. Man vermutet darin Rückständigkeit, Wurzelwesen, ja sogar Revanchismus. Es ist natürlich nicht verwunderlich, dass in einem Volk wie dem deutschen, das mit dem Schlachtruf »Volk ohne Raum« in großem Stil anderen Völkern die Heimat zerstört oder sie daraus vertrieben hat und dann selbst Vertreibung und Zerstörung erleiden musste, dass in diesem Volk das Reden über »Heimat« seine Unschuld für eine gewisse Zeit verloren hat. Aber hoffentlich nur für eine gewisse Zeit, denn inzwischen brauchen wir wieder eine Positivbewertung von Heimat – schon aus anthropologischen Gründen. Es gilt nämlich der Grundsatz: Je mehr emotional gesättigte Ortsbindung, desto größer die Fähigkeit und Bereitschaft zur Weltoffenheit. Die Hysterie der Mobilitätsathleten und der »Global Players« sollte man nicht mit Weltläufigkeit verwechseln. Weltläufig ist nicht jemand, der mit Tunnelblick seinen weltweiten Geschäften nachgeht oder touristisch unterwegs ist. Es gehört die Bereitschaft dazu, sich ins Fremde verwickeln zu lassen. Weltläufig ist nur, wer durch den Reichtum von Welterfahrung verwandelt wurde.

Und dann gibt es, drittens, einen Globalismus, mit dem eigentlich das moderne Bedenken des Globalen begonnen hat: Mitleidig und alarmiert blicken wir, wie aus dem Weltraum, auf die arme Erde, die wir dabei sind zu zerstören und die wir retten müssen. Wir entdecken die Erde als globales Biotop, als das Haus unseres Seins, dem durch die Hybris unserer technischen Kultur Untergang droht, sofern wir uns nicht auf unsere gemeinschaftliche Verantwortung besinnen. Dieser Globalismus versteht sich auf den erhabenen Ton – das große »Wir« der Menschheit feiert hier seine Auferstehung – und bedient sich zugleich einer zur Umkehr mahnenden Drohkulisse. Es werden die apokalyptischen Reiter losgelassen, die konsumistische Kultur wird verdammt und die Propheten des Untergangs halten Büßerhemden bereit.

In seiner nüchternen Variante ist dieser Globalismus ein kühles Denken, das Technikfolgen abschätzt und Großrisiken in den Blick nimmt, mit nützlichen Folgen, denn die öffentliche Wahrnehmung von Risiken politisiert Entscheidungen über Forschung, Technologie und Kapitaleinsatz – von Bereichen also, die bisher den demokratischen Entscheidungen weitgehend entzogen blieben.

Und doch: der Politisierungsdruck, der von den globalen Umweltproblemen ausgeht – man denke nur an die mögliche Klimakatastrophe –, trifft eben nicht auf ein global vereinheitlichtes Handlungssubjekt, das man zur Raison rufen oder hinterher zur Verantwortung ziehen könnte. Zwar spricht man von der Weltgesellschaft als Weltkommunikation. Aber diese kommunizierende Weltgesellschaft konstituiert kein Menschheitssubjekt als handelnde Größe – wie es einst geschichtsphilosophisch erträumt wurde. Nur Staaten und Staatenbündnisse haben Macht, die »Menschheit« aber hat keine Macht. Sie ist eine Beschwörungsformel in der Arena der wirklichen Mächte, wo die globalen Asymmetrien von Macht, Produktivität und Reichtum ein Souveränitätsgefälle neuen Typs hervorbringen: Souverän ist, so zeigt sich inzwischen, wer Folgelasten eigenen Handelns auf andere abwälzen kann. Insofern sind also die USA, wenn sie internationale Umweltschutzabkommen sabotieren, souveräner als andere Staaten. Wenn die Ressourcen von Energie, Wasser oder Luft knapp werden, entscheidet immer noch die Macht über die Verteilung der Lebenschancen. Die Folgen der Knappheit tragen zunächst die Schwächeren – bis dann auch die Stärkeren davon betroffen sind. Es ist jedenfalls eine Selbsttäuschung zu glauben, dass globale Probleme in apokalyptischer Größenordnung zu globaler Solidarität führen könnten. Auch hier gilt: die Letzten tragen die Last. Solange man hoffen kann, dass man zu den Vorletzten gehören wird, bleibt diese Logik in Kraft.

IV
Verfeindungsgeschichten

Wenn wir bemerken, dass es in einer zur Schicksalsgemeinschaft vereinigten Weltgesellschaft das dringend benötigte handlungsfähige Großsubjekt »Menschheit« nicht gibt, dann träumen wir wenigstens davon und fordern endlich die Verwirklichung unserer Träume. Geträumt wurde davon auf hohem theoretischen und imaginativen Niveau, besonders im 18. und 19. Jahrhundert. Mit der Aufklärung und der revolutionären Gründung demokratischer Gemeinwesen, zuerst in Amerika und dann in Frankreich, verbreitete sich der Gedanke, dass der freie Geist über die Geschichte disponieren können müsste, die Idee der Machbarkeit der Geschichte kam auf. Geschichte sollte aufhören, nur ein Schicksal zu sein. Von Hegel bis Marx kreist das Denken um die Möglichkeit der Überwindung der »Naturwüchsigkeit«, jener blinden, vernunftlosen und zufälligen Verlaufsform, von der man glaubte, dass sie zwar die erste Natur ausmache, die zweite Natur aber, die menschengemachte, nicht weiterhin bestimmen dürfe. Die »Menschheit« sollte sich zur Herrschaft über ihre eigene Geschichte emanzipieren. Das sozialistische Projekt war klassenkämpferisch auf dieses Ziel gerichtet.

Es gab aber auch eine eher besinnliche Variante dieser Idee. Nach dem Zusammenbruch des realen Sozialismus kommt diese mildere Vision wieder stärker zum Vorschein. Würde doch, so träumen wir, die Welt zur Ökumene, ein einziger säkularer Kirchentag der Weltumkehr, der Besinnung und der guten Herrschaft. Diesen Globalismus könnte man den ökumenischen Globalismus nennen. Es war kein anderer als Friedrich Nietzsche, der davon träumte und mit einer Verwirklichung dieser Träume in dem auf ihn folgenden 20. Jahrhundert rechnete. *Seitdem der Glaube aufgehört hat, dass ein Gott die Schicksale der Welt im Großen leitet … müssen die Menschen selber sich ökumenische, die ganze Erde umspannende Ziele stellen … (Es) muss, wenn die Menschheit sich nicht durch eine solche bewusste Gesamtregierung zu Grunde richten soll, vorher eine alle bisherigen Grade übersteigende Kenntnis der Bedingungen der Kultur, als wissenschaftlicher Maßstab für ökumenische Ziele, gefunden werden.*

Dass ausgerechnet Nietzsche von der globalen Ökumene träumte, ist umso erstaunlicher, als gerade er nicht müde wurde zu betonen, dass es bisher »Menschheit« nur in der Gestalt einer dramatischen Verfeindungsgeschichte gegeben habe. Womit er zweifellos Recht hat.

Ich möchte hier nicht die Blutspur der Menschheitsgeschichte verfolgen – man kennt sie und man kennt sie doch nicht gut genug. Wie sonst ist es zu erklären, dass Philosophen dem Menschen eine Vernunft zusprechen, die gewissermaßen a priori auf Konsens hin angelegt ist. Es wird nötig sein, die Verfeindungsenergien, die Exklusionen, im Herzen der universalistischen Konzepte aufzudecken. Ich kann hier nur andeuten, wie in den geistigen Projekten, die das Ganze denken und die Einheit stiften wollten (in früheren Formen des Globalismus also), Verfeindungen und Grenzziehungen immer vorausgesetzt waren. Fast jeder Entwurf des Ganzen gerät wieder in die Verfeindungsgeschichte: im Kampf gegen konkurrierende Ganzheitsentwürfe oder gegen den störrischen Eigensinn, der sich nicht dem konzipierten guten Ganzen fügen will. Die Verfeindungsenergien verbergen sich auch noch in den Theorien, die Wege zur Befriedung des Ganzen aufzeigen wollen.

Lange Zeit war Gott der Name für das schlechthin Ganze und Globale. Aber der Gott war, ehe er universell wurde, zunächst ein Gott für besondere Stämme und Gesellschaften. Ein abgrenzender Gott, kein Gattungs-Gott. Und so wurde er stets in die Konflikte der Horden, Stämme und Nationen hineingezogen. Kein Gott des Ganzen, sondern ein Gott fürs Grobe an den Grenzen der jeweiligen Gemeinschaft.

Nehmen wir den alttestamentarischen Gott: Er schließt einen Bund mit seinem Volk – gegen den Rest der Welt. Nach dem Exodus beginnt die Eroberung des gelobten Landes mit Gottes Ermunterung: *Meine Schrecken werde ich vor dir hersenden und alle Völker, zu denen du kommst, in Verwirrung bringen, und ich werde dir den Rücken all deiner Feinde zukehren.* Dieser Gott, sofern er sich als Hüter der Einheit aufspielte, war selbst das Problem, für dessen Lösung er sich hielt, denn er grenzte sich feindlich gegen die Götter der anderen Stämme und Völker ab.

Wie es zugeht, wenn die Menschen ohne Rücksicht auf ihre eifersüchtigen Götter die grenzenlose Einheit des Menschengeschlechtes anstreben, erzählt die Geschichte vom Turmbau zu Babel. *Wohlauf, lasst uns eine Stadt und einen Turm bauen, dessen Spitze bis an den Himmel reiche, dass wir uns einen Namen machen! Denn wir werden sonst zerstreut in alle Länder.* Dieses kühne Unterfangen ruft noch einmal Gott auf den Plan, der darin eine frevelnde Anmaßung erblickt. Die große Einheit ist offenbar nur bei Gott. Wenn die Menschen sie verwirklichen wollen, dann bekommen sie es mit einem Gott zu tun, der die Sprache des Menschengeschlechtes verwirrt, so dass es erst recht zu jener Zerstreuung und Verfeindung kommt, die durch das Werk des Turmbaus einst überwunden werden sollte.

Wenn aber die Macht Gottes und der Götter bei den Menschen schwindet, dann bleibt die Vereinigungsaufgabe beim Menschengeschlecht hängen. Wohl deshalb musste Nietzsche, nachdem er Gottes Tod verkündet hatte, sich Gedanken über die Möglichkeit einer menschlichen Ökumene machen. Dass aber das Verfeindungs-Menetekel vom Turmbau zu Babel noch wirkt, zeigt sich an der Entwicklung Nietzsches. Bald verliert er die ökumenische Aufgabe wieder aus den Augen und wendet sich einem Geistesaristokratismus zu, der mit der Verdammung der *Entarteten* zu neuen Verfeindungskonzepten führt.

Wo entspringt die Verfeindung, welche die Einheit des Menschengeschlechtes auch dann noch verhindert, wenn sie bei katastrophalen Problemlagen dringend nötig wäre?

In früherer Zeit ist die Verfeindung als etwas Vorgegebenes hingenommen worden – und zwar so selbstverständlich, dass man schon fast von einem Verfeindungs-Apriori sprechen kann. Dieses Verfeindungs-Apriori kann man nicht nur in der Geschichte der Religionen entdecken, sondern auch in der Philosophie, die von jeher nach den Möglichkeiten eines befriedeten Lebens Ausschau hält, befriedet allerdings nur in gesicherten Grenzen, umgeben von einer sonst feindlichen, barbarischen Umwelt. Dass Philosophie mit einem Verfeindungs-Apriori beginnt, kann man bei Aristoteles sehen, der, um den philosophischen Trieb zu veranschaulichen, das Beispiel eines Heeres auf der Flucht vor dem Feind wählt. Die Philosophie will den Fliehenden veranlassen sich umzudrehen, um die Berechtigung der Flucht noch einmal zu überprüfen, das heißt: sich seiner Gründe, auch Prinzipien genannt, zu vergewissern. Es könnte ja sein, dass man grundlos flieht oder aber vor dem Grundlosen, also dem Abgrund. Der Feind ist, mit anderen Worten, dein Abgrund als Gestalt. Wie die Geschichte des philosophischen Umblickens auch immer enden mag, vorausgesetzt sind jedenfalls die elementaren Verfeindungsverhältnisse. Mit der Verfeindung fängt alles an. Warum aber diese elementare Verfeindung?

Versuchen wir eine Erklärung, die nicht, wie so häufig, beim Animalischen, also bei der tierischen Aggression ansetzt, auch nicht beim Menschen als Herdentier mit seinem instinktiven Gruppenverhalten, sondern beim Menschen in seiner eminenten, herausgehobenen Stellung – beim Menschen als Bewusstseins-Tier.

Bewusstsein hat einen gebrochenen Weltbezug zur Folge. Das Bewusstsein lässt den Menschen in die Zeit stürzen: in eine Vergangenheit, die ihn bedrängt, weil er sie nicht vergessen kann, und die selbst im Verdrängen noch gegenwärtig bleibt; in eine Gegenwart, die sich entzieht; in eine Zukunft, die zur Drohkulisse werden kann und die Sorge wachruft. Es wäre alles einfacher, wenn das Bewusstsein nur bewusstes Sein wäre. Aber es reißt sich los, wird frei für einen Horizont von Möglichkeiten. Das Bewusstsein kann die gegebene Wirklichkeit transzendieren und dabei ein schwindelerregendes Nichts entdecken oder einen Gott, in dem alles zur Ruhe kommt. Und es wird den Verdacht nicht los, dass dieses Nichts und Gott vielleicht doch ein und dasselbe sind. Ein Bewusstseins-Tier, das »nein« sagen und das Nichts erfahren kann, vermag auch die Vernichtung zu wählen, womöglich aus Gründen des »horror vacui«. Die philosophische Tradition spricht in Bezug auf diese prekäre Situation des Menschen von einem »Mangel an Sein«. Der Mensch als bewusstes Wesen hat seine Geborgenheit im Hier und Jetzt verloren.

Das erzählt der biblische Mythos vom Sündenfall. Die Vertreibung aus dem Paradies ist die Geburtsstunde der Sorge. Es genügt nicht mehr, sich für den Augenblick zu sichern, man muss sich um die Zukunft sorgen, von der so viele Gefahren drohen – von Seiten der eigenen Unbeständigkeit, von den anderen Menschen und von der übermächtigen Natur. Der Horizont der Zeit lockt, aber er droht auch. Nur weil es eine künftige Bedrohung gibt, entsteht das Verlangen nach Macht, denn diese soll die Zukunft sichern.

Da es letztlich darum geht, die unbegrenzte Zukunft in Schach zu halten, und da es die anderen gibt, die ebenso und aus denselben Gründen nach Macht streben, muss auch die Macht unbegrenzt wachsen. Sie muss dynamisch werden. Macht will mehr Macht. Nur in der Akkumulation und Steigerung hat sie Bestand. Macht lebt von der Bemächtigung, Gewalt von der Überwältigung. Macht wird zu einem rastlosen Verlangen.

Die Macht beginnt bei der Selbsterhaltung, also beim Verlangen, das eigene Selbst, das mit dem Bewusstsein seiner Zeitlichkeit geschlagen ist, durch die Zeit zu retten. Wenn jedoch jeder auf eigene Faust versuchen wollte, sich durch die Zeit zu retten, würde es unweigerlich zum Krieg aller gegen alle kommen. So wird im kulturellen Prozess die individuelle Gewalt der Selbstbehauptung gleichsam abgeschöpft und in Gesetze, Rituale und Institutionen eingebunden und vergesellschaftet. Daraus wird schließlich das staatliche Gewaltmonopol. Es macht die vielen Einzelnen unter dem Aspekt des Gewaltverzichts und des damit verbundenen Souveränitätsverlustes zu Gleichen. Doch es bleibt ein dramatischer Widerspruch, weshalb die Geschichte nicht im Machtkristall des souveränen Staates zur Ruhe kommen kann.

Das Widersprechende ist ein anderes elementares Bedürfnis, das ebenfalls seinen Grund darin hat, dass der Mensch ein Bewusstseinstier ist. Da er nämlich ein Bewusstsein von sich selbst hat und da er sich selbst mit anderen vergleichen kann, muss er, um ein Selbst zu sein, anders sein als die anderen. Ich bin, indem ich mich unterscheide. Descartes' Formel der Selbstgewissheit »Ich denke, also bin ich« erfüllt das Verlangen nach Selbstvergewisserung durchaus nicht. Dass ich bin, mag einem im Denken gewiss werden. Aber was ich bin, erfahre ich nur im Unterschied zu den anderen. Aber auch mit der Erkenntnis des Unterschieds allein kann man noch nicht zufrieden sein. Es muss ein Unterschied zu meinen Gunsten sein. Das intensive Selbstgefühl erwächst aus dem Bewusstsein, dass man sich unterscheidet, indem man sich hervortut. Es kommt auf den Rang an. Der Mensch genießt allein das richtig, was ihn von den anderen abhebt.

Dieses Verlangen nach Differenz gibt der Gesellschaft ihre Dynamik, es gefährdet sie aber auch. Das leidenschaftliche Verlangen nach Differenz hatte Platon »Thymos« genannt. Eine Seelenkraft, die sich in einem mutigen Handeln äußert, mit dem der Einzelne sich überlegen zeigen und auszeichnen will. Diese Seelenkraft kann auch einfließen in den Willen zur Gewalt und Überwältigung. Sie entfacht den Ehrgeiz, Herr sein zu wollen. Mit der thymotischen Leidenschaft kommt man über die bloße Selbsterhaltung hinaus, sie will nämlich Selbststeigerung. Es geht um Anerkennung und Rangerhöhung. Die thymotische Leidenschaft ist sogar bereit, um der Lebens-Steigerung willen das gewöhnliche Leben aufs Spiel zu setzen.

Für Hegel ist dieser Kampf um Anerkennung auf Leben und Tod die Triebkraft der Geschichte. Es ist dies eine Dynamik nicht der wilden Natur des Menschen, sondern des Geistes. Das Leben des Geistes ist der Triumph über den Tod und die Todesangst in der Arena der Selbst-Steigerungskämpfe. Man will in seiner Überlegenheit durch größere Risikobereitschaft anerkannt werden. Es gilt der Satz: Wer sein Leben riskiert, wird es als höheres Leben gewinnen. Die geschichtliche Realität, in der die Sorge um solche Anerkennung wirkt, ist der bis aufs Blut geführte Kampf der Menschen um bisweilen lächerliche Ziele: Man setzt sein Leben aufs Spiel, um hier einen Grenzverlauf zu korrigieren, um eine Fahne zu verteidigen, um Genugtuung für eine Beleidigung zu erreichen. Ein vulgärer Materialismus, wie er heute in konsumistischen Gesellschaften maßgeblich geworden ist, entdeckt überall bloß ökonomische Motive und ist blind für Verfeindungsenergien, die aus der thymotischen Leidenschaft entspringen. Die Armut leidet, sie kämpft nicht. Nur die verletzte Ehre oder die Lust auf Ruhm und Anerkennung kämpft. Auch darin zeigt sich, dass der Mensch ein Bewusstseins-Tier ist und nicht vom Brot allein lebt, sondern von der Ehre und Würde. Darum kämpft er, und deshalb hat er Feinde und sucht sich welche. Um der »Menschenwürde« willen wird nicht nur Frieden gestiftet, sondern auch Krieg geführt. So ist dafür gesorgt, dass in der Arena der Geschichte Konkurrenz, Kampf, Krieg und Verfeindung nicht aufhören.

Die Frage, die sich in der Geschichte, ob explizit oder implizit in den Lebensvollzügen, immer gestellt hat, lautet: wie lässt sich die thymotische Energie als Produktivkraft organisieren? Gebändigt gibt sie einer Gesellschaft die Dynamik. Entfesselt aber – und sie strebt stets nach Entfesselung – löst sie die Gesellschaft in die Anarchie der Gewalt auf. Zweifellos ist die Konkurrenz – wirtschaftlich, politisch, sportlich – ein bewährtes Mittel, die thymotische Leidenschaft auf gezähmte Weise auszuleben. Wenn solche Zähmung im Inneren unzureichend gelingt, so bleibt, wie der Blick in die Geschichte lehrt, immer noch der wenig erfreuliche Ausweg, den Kampf um Unterschiede und Anerkennung nach außen zu verlagern, an die Grenze der Gesellschaft, wo die Welt der Fremden beginnt, die dann zu Feinden erklärt werden.

Der Kampf um Anerkennung hat es auf den Unterschied zu eigenen Gunsten abgesehen. Aber vergessen wir nicht jene Unterschiede, welche sich ergeben infolge des Zufalls der Geburt, der Gene, der Familie, des gesellschaftlichen Milieus, der historischen Zeit. Früher nannte man diese Unterschiede schicksalhaft oder gottgegeben. Es handelt sich um Ungleichheiten von Lebens- und Entwicklungschancen, die vom Standpunkt des Gerechtigkeitsempfindens eigentlich als kränkend empfunden werden mussten. Zu den Unterschieden, welche die Menschen untereinander festsetzen, kommen also noch die Unterschiede, die als zufällig, natürlich oder gottgegeben gelten, die Unterschiede also, die nicht die Menschen machen, sondern die mit ihnen gemacht werden. Der Hässliche, der Kranke kann es nur schwer vermeiden, sein Schicksal als Benachteiligung zu empfinden. Neid und Empörung können die Folge sein – eine weitere Quelle der Verfeindung. Die Empörung macht auch nicht Halt vor dem Bild eines gerechten Gottes: Wie kann ein Gott gerecht sein, der solche Ungleichheiten zulässt – so lautet der Zweifel, der geeignet ist, Religion und Metaphysik zum Einsturz zu bringen. Der biblische Mythos von Kain und Abel nimmt diesen Zweifel in sich auf und erzählt eine archetypische Geschichte der Empörung und der Verfeindung.

Die Geschichte Kains beginnt mit dem Unterschied, den Gott zwischen den Brüdern macht. Der Skandal der ursprünglichen Ungleichbehandlung löst die Katastrophe aus. Kain, der Ackerbauer, opferte seinem Gott von den Früchten des Feldes. Abel, der Hirte, brachte Tieropfer dar. Warum aber sieht Gott nur das Tieropfer Abels gnädig an? Warum weist er das Opfer Kains zurück? Für Kain ist kein Grund für diese Zurücksetzung ersichtlich. Gott, so muss es ihm vorkommen, verweigert ihm die Gleichbehandlung. *Da ergrimmte Kain und seine Gebärde verstellte sich.* Dafür tadelt ihn Gott: *Wenn du fromm bist, so bist du angenehm.* Wie aber soll man *angenehm* bleiben, bei solcher Zurücksetzung? Es besteht kein Zweifel, dass Gott die Symmetrie von Opfer und Gnade aufgehoben und damit die Harmonie zwischen den Brüdern gestört hat. Das unerklärliche Verhalten Gottes veranlasst Kain, gegen den Unterschied anzukämpfen, der mit ihm gemacht wurde. Zuerst ist er Opfer des Unterschieds, dann erst wird er zum Täter. Nachdem Kain von seinem Bruder so kränkend unterschieden wurde, scheidet er sich von ihm unwiderruflich: Er schlägt ihn tot. Aus gekränkter Ehre, aus Neid und aus Erbitterung gegen einen Gott, der so eklatant gegen das Prinzip der Gerechtigkeit verstößt. Es hat den Anschein, als würde Gott seine Mitschuld am Brudermord bemerken, denn er verflucht zwar Kain – *unstet und flüchtig sollst du sein auf Erden* – stellt ihn aber zugleich auch unter seinen Schutz: *Wer Kain totschlägt, der soll siebenfältig gerächt werden.* So kann der empörte und neidische Kain zum zweiten Urvater des Menschengeschlechtes werden.

In Adam erwachte die Erkenntnis, er wird zu einem Wesen, das sich sorgt. Kain, seinem Sohn, ist die Anerkennung versagt geblieben und er antwortet darauf mit Mord. Die Sorge um Selbsterhaltung und der Kampf um Anerkennung und gegen die Ungleichbehandlung – diese Komponenten zusammen wirken explosiv und lassen den Menschen zugleich schöpferisch und gefährlicher werden.

Die alten Geschichten erzählen von der Geburt der Freiheit, dem Erwachen des Bewusstseins und damit der Zeiterfahrung, wodurch die Welt zum Gegenstand der Sorge wird. Sie erzählen von den dramatischen Verwicklungen, die sich daraus ergeben, dass die Menschen verschieden sind und dies mit Genugtuung, Empörung oder Neid bemerken; dass sie sich vergleichen, um dann den Ausgleich oder den Unterschied zu eigenen Gunsten anzustreben und zu verteidigen. Am Ende läuft es immer auf Kampf und Krieg hinaus, der sich einhegen aber nicht beseitigen lässt.

Aber stets begleitet die Sehnsucht nach Einheit den bisweilen mörderischen Kampf um den Unterschied. Diese Sehnsucht verbindet sich mit dem Bild eines Gottes, der über allen Unterschieden und Gegensätzen thront, und mit dem Bild einer Menschheit, die noch keinen Unterschied kennt oder keinen mehr zu machen braucht. Das sind die zwei großen Ideen der Universalität: der *eine* Gott und die *eine* Menschheit. In Wirklichkeit aber gibt es die vielen Götzen und eine Menschheit der zerrissenen Glieder – zerrissen in Familien, Stämme, Völker, Nationen und Reiche, und dies auch im Zeitalter der Globalisierung. Nach wie vor ist die politische Welt kein Universum, sondern ein Pluriversum.

Mit einem solchen politischen Pluriversum rechnet schon Platon, bei dem sich auch der Gedanke der Einheit des Menschengeschlechtes findet – natürlich nur als Idee. Der Schöpfungsmythos im »Timaios« erzählt, wie die Idee des Menschentums allmählich verdünnt und verunreinigt wird. Der große

Weltenschöpfer hat eine gute Grundsubstanz geschaffen, aber in der Folge haben so viele Zufälle mitgewirkt, dass nichts Rechtes mehr dabei herauskommen konnte. So kommt es zu jener Welt, in der es Feinde, Barbaren und Böse gibt. Mit diesem Faktum muss man leben. Die Not, die Platon damit hat, spiegelt sich in seiner Philosophie darin wider, dass er die zersplitterte Vielheit und das geschichtliche Werden überhaupt als Symptom des Mangels an Sein wertet. Wo Vielheit und Werden ist, dort ist Kampf und Krieg. Die Streitkultur ist für ihn eine Spezialität von Höhlenbewohnern.

Wird die Menschheit insgesamt aus dieser platonischen Höhle herauskommen? Wohl kaum. Deshalb bleibt der Phantomschmerz der unmöglichen Einheit, woraus Platon dann seine Philosophie entwickelt, die sich einerseits in die Kämpfe seiner Zeit einmischt und sich andererseits in großen Visionen darüber erhebt.

In der verkörperten Wirklichkeit grenzen die Menschen aneinander, sie stoßen sich im Raum, unterscheiden sich und scheiden sich voneinander. Wie sollte man dem anderen nicht misstrauen, wenn es schon so schwierig ist, sich selbst zu vertrauen? Wie mit dem Anderen übereinstimmen, wenn die Übereinstimmung mit sich selbst kaum gelingt? Wie sollte man es mit dem Fremden aushalten, wenn man es doch kaum bei sich selbst aushält?

Platons Philosophie zeigt die Kunst, zur Übereinstimmung mit sich selbst zu gelangen. Damit trägt sie bei zur Eindämmung der Verfeindungsenergien. Aus der Welt schaffen kann sie diese nicht, weil zur verkörperten Wirklichkeit die Grenze gehört. Sogar Hegel, ein Spezialist für entgrenzende Reflexion, hat auf dem Boden der Tatsachen die Lebensnotwendigkeit der Grenze verteidigt: *Etwas ist nur* in *seiner Grenze und* durch *seine Grenze das, was es ist. Man darf somit die Grenze nicht als dem Dasein bloß äußerlich betrachten … Der Mensch, insofern er wirklich sein will, muss da sein, und zu dem Ende muss er sich begrenzen. Wer gegen das Endliche zu ekel ist, der kommt zu gar keiner Wirklichkeit, sondern er verbleibt im Abstrakten und verglimmt in sich selbst.*

Wie schon bei Platon das Wissen der Grenze die Einsicht in die Unvermeidlichkeit des Krieges bedeutete, so führt auch bei Hegel die Lebensnotwendigkeit der Grenze zur Realdialektik der miteinander kämpfenden Gegensätze, deren abstrakte Form als These und Antithese harmlos klingt. In Wirklichkeit aber verbirgt sich dahinter der Kampf um Tod und Leben.

Im Krieg der Dialektik ist die Synthese zumeist der schlecht verhüllte Triumph jeweils einer Partei, die durch Versöhnung zur Herrschaft kommt. Doch der Sieger bleibt nicht, was er vorher war, er nimmt vom Unterlegenen etwas in sich auf, er verwandelt es und wird selbst dadurch verwandelt. Weltgeschichte ist eine Geschichte von Widersprüchen, die sich nicht auflösen lassen, sondern so lange ausgefochten werden, bis es Sieger und Verlierer gibt.

Das Ganze lässt sich denken, aber nicht leben. Leben lässt es sich nur im Austragen der Widersprüche, in der Geschichte der Verfeindungen. Das Ganze mag das Wahre und das Gute sein, es bildet sich aber erst durch den Kampf des Vereinzelten.

So dreht und wendet sich seit den Tagen Platons ein Denken, das dem Traum vom Ganzen nachhängt, aber um das Faktum nicht herumkommt, dass die Menschen sich unterscheiden und ihre Unterschiede aktiv ausfechten, bis hin zum Kampf auf Leben und Tod. Deshalb beginnt bei Platon der Aufschwung des Geistes mit dem Erfordernis, die Grenze gegen die Barbaren zu sichern, und deshalb verwirklicht sich bei Hegel der Geist nur durch Kampf und Krieg. Die Realdialektik ist eine blutige Angelegenheit.

Man steht schon immer in zerreißenden und verfeindeten Gegensätzen, man ist in eine bestimmte Seite des Widerspruchs hineingeboren: das gehört zur Daseinskontingenz. Seinen Ort wählt man nicht, man kann ihn nur annehmen. Die Frage, ob es die »gute« Seite ist, stellt sich so nicht. Es gilt die umgekehrte

Logik. Diese Seite ist gut, weil ich zu ihr gehöre und hier die Unsrigen sind. Wir und die Anderen – das ist eine evidente Unterscheidung. Man muss dann nur noch die Grenzen des »Wir« klären. Kann das »Wir« grenzenlos werden? Kann es wirklich die ganze Menschheit umfassen?

Es gab eine Epoche, die es verstand, vom Ganzen und von der Menschheit hinreißend und uneingeschränkt enthusiastisch zu reden. Das war die Geniezeit des Deutschen Idealismus mit ihrem Zentralgestirn Friedrich Schiller. Er besingt die *Freude,* deren *Zauber* wieder bindet, *was der Mode Schwert geteilt … Seid umschlungen, Millionen! / Diesen Kuss der ganzen Welt.* Eines ist gewiss: im dichten Menschengewühl, in ständiger aufdringlicher Kommunikation mit seinen Mitmenschen, hätte sich ein solcher Enthusiasmus kaum entwickeln können. Nur in wohldosierten Portionen genossen, können Menschen Enthusiasmus erregen. Der idealistische Menschheitsenthusiasmus konnte vielleicht nur in kleinen Städten wie in Tübingen oder Jena gedeihen und nur in Zeiten, da es noch keine Weltkommunikation in Echtzeit gab. Nur wo es ausreichende Zwischenräume gibt, Platz für die Imagination, kann sich der Menschheitsenthusiasmus idealistischer Provenienz entwickeln. Wenn die Räume eng werden und das Menschengeflecht dicht, ist »Menschheit« kein Traum, keine ferne Geliebte mehr, sondern ein zoologischer Begriff, der sich auf einen überfüllten Menschenpark oder eine Menschenwildnis bezieht. Genau besehen aber kam es dem Deutschen Idealismus auch nicht so sehr auf jene »Menschheit« der Vielen an, sondern auf die »Menschheit« des Einzelnen: die »Menschheit«, die jeder in sich selbst entdeckt und achtet, vielleicht sogar liebt. »Menschheit« aber im demoskopischen Sinne kann niemals Gegenstand einer Liebe sein.

Das Gedächtnis der Mythen und die Arbeit des Denkens stoßen regelmäßig auf die elementaren Verhältnisse der Verfeindung. Man geht ins Anfängliche zurück, um den Augenblick der Einheit zu ergreifen. Aber er weicht zurück, wie der Horizont, auf den man zugeht, und man kommt aus der Geschichte der Verfeindungen nicht heraus. Platon ist schon damit zufrieden, die Möglichkeitsbedingungen einer befriedeten Zone inmitten einer feindlichen Welt aufzuweisen. Die Verfeindung scheint ein Apriori der Geschichte zu sein. Friede ist jene Unmöglichkeit, von der aber das Denken und Wünschen nicht ablassen kann. Doch jedes Friedensprojekt, das verwirklicht werden soll, wird im Streit der Parteien selbst zur Partei. Und so ist es nicht verwunderlich, dass es von Jesus heißt, er sei nicht gekommen, den Frieden zu bringen, sondern das *Schwert* (Matthäus 10,34), und er werde Feuer und Spaltung auf die Erde werfen. Zu Pflugscharen werden die Schwerter erst, wenn sie ihre Arbeit verrichtet haben. Augustin kann sich für die *civitas civilis* keine andere Friedensstiftung vorstellen als eine bewaffnete und wehrhafte. Das gilt für die christlichen Völker untereinander, aber mehr noch für das Verhältnis zu den Heiden. Mit ihnen ist Friede nur im Ausnahmefall vorstellbar, in der Regel muss man gegen sie Krieg führen, und zwar einen *gerechten Krieg* – dieser Ausdruck kommt schon bei Augustin vor. Wirklichen Frieden gibt es allein in Gott, aber solange die *civitas dei* in die *civitas civilis* hineinragt, muss es auch zwischen diesen »Reichen« eine umkämpfte Grenze geben, die sogar die innere Welt des Einzelnen durchschneidet. Der Krieg ist der Vater aller Dinge, offenbar auch der spirituellen.

Nur wenn man die ganz große Entfernung wählt, wenn man aus kosmischer Perspektive unseren blauen Planeten kontempliert und meditiert – dann haben die versöhnlichen, fast mitleidigen Gedanken ihre große Stunde: »Warum regen wir uns auf, können wir uns denn nicht vertragen auf dieser armen, kleinen Erde, die wir doch alle gemeinsam bewohnen!« So betrachtet, ist die Erde etwas, auf das wir zurückkommen, um uns mit einer Geste distanzierter und großherziger Solidarität auf sie einzulassen. Eine klassische Formulierung dafür finden wir bei Dante im 22. Gesang der »Göttlichen Komödie« nach dem

Ausflug ins Paradies: *Mit meinen Blicken kehrte ich zurück zu all / Den sieben Sphären, und ich sah diese Erdkugel, / So dass ich lächeln musste über ihr niederes Aussehen.*

Solche Blicke sind uns heute von den Weltraumfahrten her bekannt, und es gibt nicht wenige Astronauten, die über solchen Anblicken zu andachtsvollen Ökologen geworden sind. Aber wenn man wieder Bodenberührung gewonnen hat und wieder in den Dschungel des Sozialen eintaucht, ist es mit der Friedfertigkeit von ganz oben bald vorbei. Außerdem wird dort oben inzwischen auch die militärische Aufrüstung betrieben. Auch dort werden wir die Spuren der globalen Verfeindungen finden.

Halten wir fest: Aus großer Ferne gesehen und im Vorblick auf globale Probleme sprechen wir von der »Menschheit« und davon, welche Aufgaben sie hat, wo ihre Versäumnisse liegen usw. Wir sagen dann »Wir« und meinen die ganze Menschheit. Dieses überdehnte »Wir« gilt als kollektives Subjekt, dem man eine Handlung zurechen kann. Nur in den Super-Visionen gibt es den handlungsfähigen Singular »Menschheit«, in Wirklichkeit aber gibt es Menschen nur im Plural. Es widerspricht allen geschichtlichen Erfahrungen anzunehmen, dass sich aus dem Gewimmel der Menschen ein Handlungssubjekt »Menschheit« herausbilden könnte. Hinter einer Macht, die sich als Menschheit in Aktion aufspielt, wird immer eine partikulare Macht stecken, die sich mit diesem Manöver in der Konkurrenz mit anderen Mächten Vorteile zu verschaffen sucht. Carl Schmitt hat mit seinem Ausspruch *Wer Menschheit sagt, lügt* nicht Unrecht, vorausgesetzt, man unterstellt solcher Lüge nicht in jedem Falle die böse Absicht. Denn es charakterisiert die »Menschheits«-Politik, dass sie in der Regel gut gemeint ist.

V
Weltfriede?

Es war Kant, der im 18. Jahrhundert einen berühmten Entwurf eines globalen Weltfriedens unter Voraussetzung der grundlegenden Pluralität vorgelegt hat. Weil es seitdem kein Weltfriedens-Konzept mehr gegeben hat, das sich, was Gedankenreichtum und Realismus betrifft, mit dem Kantschen messen kann, soll es hier stellvertretend für das ganze Genre des Weltfriedens-Diskurses erörtert werden.

Auch Kant hatte mit kosmischen Spekulationen begonnen und sich gefragt, warum die Bewohner dieses verloren in der Weltraumnacht kreisenden Planeten sich bisher so schlecht vertragen haben und ob es nicht Wege gibt, dies zu ändern. Dass die Menschen ihren Planeten sogar zugrunde richten könnten, musste noch außerhalb seines Gesichtskreises liegen. Die Möglichkeit globaler Friedensstiftung ist das Thema jener berühmten Abhandlung von 1795 mit dem Titel »Zum ewigen Frieden«.

Zunächst einmal ist für Kant die Erde eine einzige Globalisierungsfalle, weil die Menschen auf ihr *als Kugelfläche, … sich nicht ins Unendliche zerstreuen können, sondern endlich sich doch neben einander dulden … müssen.*

Wie soll das aber in Anbetracht der Tatsache gelingen, dass

es Kriege immer gegeben hat, soweit die geschichtliche Erinnerung zurückreicht. Innerstaatlich hat man eine gewisse Befriedung erreicht, zwischenstaatlich und zwischen den Völkern herrscht aber immer noch das Prinzip der Gewalt und des Krieges als ultima ratio, besser: als ultima irratio. Gerade *im freien Verhältnis der Völker* kann, schreibt Kant, die *Bösartigkeit der menschlichen Natur* sich immer noch *unverhohlen* blicken lassen. Lässt sich mit Vernunft daran etwas ändern? Kant geht vom Menschen aus, so wie er ist, und nicht, wie er sein könnte. Das Eigeninteresse, der Egoismus, der Wille zur Selbstbehauptung müssen gewahrt bleiben bei jeder Konstruktion eines besseren Zustandes. Kant weist auf das innerstaatliche Gewaltmonopol hin. Dort kann man sehen, dass es offenbar im wohlverstandenen Eigeninteresse des Einzelnen liegt, sich Regelungen zu unterwerfen, welche die eigene Souveränität einschränken, dafür aber Sicherheit und Schutz gewähren. Sind solche Regelungen auch zwischen den Völkern vorstellbar? Ist, mit anderen Worten, die Überwindung des *Naturzustandes* nicht nur innerstaatlich, sondern auch zwischenstaatlich möglich? Die gewaltsame Unterwerfung verschiedener Völker und Staaten unter eine Weltmacht (z.B. das Römische Reich in früheren Jahrhunderten) ist eine Möglichkeit. Sie ist unbefriedigend, weil es sich um eine Befriedung durch Unterwerfung handelt. Eine andere Möglichkeit stellt die komplizierte Politik der Machtbalance dar. Sie schafft keinen wirklichen Frieden, sondern ist nur der aufgeschobene Kriegszustand. Wollte man den zwischenstaatlichen Krieg so eliminieren wie die innerstaatliche Gewaltanarchie, müssten die zahlreichen Staaten in einem einzigen Weltstaat aufgehen. Wenn es nur noch eine Weltinnenpolitik gibt, ausgeführt und überwacht von einer (wie auch immer legitimierten) Zentralmacht, die mit einem globalen Gewaltmonopol ausgestattet sein müsste, sollte es, denkt man, doch möglich sein, die zwischenstaatlichen Kriege ebenso einzudämmen und schließlich zu beenden, wie das den regionalen Staatsgewalten in Bezug auf die Bürgerkriege gelungen ist. Globale Weltinnenpolitik wäre demnach Beendigung der Kriege, die unter globalen Bedingungen dann allesamt als Weltbürgerkriege zu gelten hätten.

Es spricht für den Realismus Kants, dass er einen solchen Weltstaat weder für möglich noch für wünschenswert hält.

Was die Unmöglichkeit betrifft, so hält er sich an die Erfahrung. Die einzelnen Staaten werden gerade dann, wenn sie eine *rechtliche Verfassung* und damit eine Legitimation ihrer Souveränität haben, an dieser festhalten und ihr Gewaltmonopol, das aus dieser Souveränität entspringt und sie beschützt, nicht preisgeben.

Nicht wünschenswert ist ein solcher zentralistischer Weltstaat, weil er eine Bedrohung der produktiven Vielfalt der Völker, ihrer *Sprachen und Religionen* darstellt. Diese Vielfalt und Differenz gehört zum Reichtum des Menschlichen. Kant gesteht zu, dass die Bewahrung von Vielfalt und Differenz den *Hang zum wechselseitigen Hasse, und Vorwand zum Kriege bei sich führt.* Dieser Tendenz sollte man jedoch nicht entgegenwirken, indem man die differenten Kräfte schwächt, sondern indem man sie in ein System des zivilen *lebhaftesten Wetteifers* überführt. Es bleiben Risiken, aber man muss sie eingehen, um der Freiheit willen. Nicht wünschenswert jedenfalls ist ein Despotismus des Friedens, der zum *Kirchhof der Freiheit* wird.

Der einheitliche Weltstaat ist also nur im abstrakten Sinne die beste Möglichkeit. Die wirklich beste Lösung ist darum die (theoretisch) zweitbeste: ein föderativer Weltstaatenbund. Jeder Staat behält seine Souveränitätsrechte (auch das der Kriegsführung), verpflichtet sich jedoch, alle Konflikte friedlich auf dem Verhandlungswege zu lösen. Eine oberste Sanktionsgewalt, welche die Staaten dazu zwingen könnte, die freiwillig eingegangene Verpflichtung einzuhalten, gibt es allerdings nicht. Auch weiterhin würde, wie in der bisherigen Staatenwelt, gelten: wer gegen gemeinsam ausgehandelte Regeln verstößt, wird nicht von einer übergeordneten Instanz daran gehindert werden können, sondern nur von einer auf gleicher Ebene operierenden Allianz, die auf die Einhaltung der Regeln notfalls gewaltsam drängt.

Das Fazit der Kantschen Überlegungen: ein homogenes, befriedetes politisches Universum wird es nicht geben. Politisch bleibt die Welt ein Pluriversum. Die elementaren Verfeindungsverhältnisse (der *Naturzustand*) können zwischen den Staaten letztlich nicht überwunden, sondern allenfalls geregelt werden. Das hört sich bescheiden an. Es steckt aber mehr darin. Wer auf Regeln und Regelungen setzt, optiert gegen eine vertikal etablierte Übermacht über den Mächten und für die horizontal ausgehandelte Herrschaft von Gesetz und Recht, auch zwischen den Staaten und Nationen. Statt Herrschaft einer Weltregierung die Herrschaft des Gesetzes. Eine Gesetzes-Herrschaft, die mangels einer Weltregierung darauf angewiesen bleibt, dass ihr wechselnde Allianzen von Staaten und Organisationen sowie eine kritische Öffentlichkeit Geltung verschaffen. Ein unsicherer Grund, aber in menschlichen Angelegenheiten gibt es eben keine Sicherheit. Die Vision eines Weltstaates täuscht darüber hinweg und träumt sich in ein Jenseits ohne wandelbare Geschichte.

Bedenkenswert für die gegenwärtige Lage, wo die Weltmacht USA ausdrücklich nicht im bloßen Eigeninteresse, sondern unter Berufung auf Prinzipien einer Weltfriedens-Politik internationale Regeln und Völkerrechte glaubt ignorieren zu dürfen, bedenkenswert also ist in dieser Situation der Hinweis Kants, dass angesichts der *Zweizüngigkeit der Politik* die *Achtung fürs Recht* höher zu schätzen sei als die sogenannte *Menschenliebe,* auf die sich oft diejenigen berufen, welche sich nicht auf die besser überprüfbare Rechtlichkeit ihres Handelns festlegen lassen wollen. Eine Übermacht, schreibt Kant, findet es in der Regel ratsam, *sich gar nicht auf Vertrag einzulassen* und stattdessen *alle Pflicht auf lauter Wohlwollen auszudeuten.* Dieser *Hinterlist einer lichtscheuen Politik* müsse die öffentliche Kritik begegnen und das Prinzip einfordern, dass man sich zuerst an die rechtlichen Gebote und Verbote zu halten habe, ehe man sich, wie Kant süffisant schreibt, *dem süßen Gefühl des Wohltuns* überlässt. Auf ein aktuelles Problem angewandt heißt das: Beim präventiven Angriff auf einen sogenannten »Schurkenstaat« genügt als Begründung nicht der Hinweis, dass damit dem allgemeinen Sicherheitsbedürfnis Genüge getan werde: ein solcher Angriff müsste sich vielmehr vor internationalem Recht und Gesetz rechtfertigen lassen. Auch »wohlmeinende« Macht geht nicht vor Recht.

Kant plädiert für einen rigorosen Formalismus des globalen Rechts. Nur im Recht, nicht in der Existenz einer möglicherweise guten, wohlmeinenden Weltmacht, sieht er eine Chance für den Weltfrieden, freilich nur eine Chance. Eine sichere Gewähr wird es nicht geben. Weil es Mächte geben muss, wechselnde Mächte, Allianzen von Mächten, die bereit sind, das Recht zu schützen, was nichts anderes bedeutet, als sich der Macht des Gesetzes zu unterstellen. Das ist nicht wenig, das ist vielleicht zu viel für eine politische Körperschaft mit Machtinteressen in der Arena der Geschichte. Ob es in der Geschichte solche Mächte gibt, die das Recht schützen, hängt auch von Zufallskonstellationen ab, vom Glück der Umstände.

Kant ist Realist genug, um sich auf Ungewissheiten gefasst zu machen. Das ist auch nötig, wenn man die gesellschaftlichen Entwicklungen genauer ins Auge fasst, von denen er glaubte, dass sie die Chancen eines globalen Friedens verbessern könnten. Es handelt sich um drei gesellschaftliche Tendenzen, die tatsächlich den Frieden begünstigen, aber doch nicht so uneingeschränkt, wie Kant das erhofft hat.

Da ist erstens die demokratische Entwicklung: *Wenn die Bestimmung der Staatsbürger dazu erfordert wird, um zu beschließen, »ob Krieg sein solle, oder nicht«, so ist nichts natürlicher, als dass, da sie alle Drangsale des Krieges über sich selbst beschließen müssten, … sie sich sehr bedenken werden, ein so schlimmes Spiel anzufangen.*

Tatsächlich hat sich im 20. Jahrhundert erwiesen, dass es nicht die demokratischen Staaten waren, die Kriege begonnen haben. Doch die Idee der Nation, ebenfalls ein Produkt des demokratischen Zeitalters, hat eine ungeahnte Massenmobilisierung im Dienste des Krieges möglich gemacht. Es hat sich gezeigt, dass Völker sehr wohl dem Krieg zustimmen in dem Glauben, im Recht zu sein – wenn es auch nur das Recht des Stärkeren ist und man mit einem siegreichen Waffengang rechnen kann.

Zum zweiten gibt es die zivilisierende Kraft des Welthandels, worauf Kant seine Hoffnung setzt. *Es ist der Handelsgeist, der mit dem Krieg nicht zusammen bestehen kann, und der früher oder später sich jedes Volkes bemächtigt. Weil nämlich unter allen der Staatsmacht untergeordneten Mächten die Geldmacht wohl die zuverlässigste sein möchte, so sehen sich die Staaten … gedrungen, den edlen Frieden zu befördern.* Kant konnte noch nicht ahnen, wohin der ökonomisch angeheizte Imperialismus führen und welche neuen Energien und Motive die kapitalistische Konkurrenz dem Krieg zuführen würde.

Drittens die zunehmende Bedeutung der Öffentlichkeit, das Prinzip der Publizität. Wenn öffentlich über politische Belange geredet wird, so müsste sich schließlich auch, dachte Kant, der Krieg in der Arena der Argumente verteidigen. Publizität setzt den Krieg unter Rechtfertigungsdruck. Dass im Zeitalter der Massenmedien Wort und Bild auch einen entscheidenden Beitrag zur Kriegsmobilisierung leisten und nicht immer die segensreiche Wirkung einer *sprechenden Aufklärung* entfalten würden, war für Kant kaum vorstellbar.

Die politische Verfassung aus Demokratie, Markt und Publizität ist für Kant ein politisches Kunstwerk, in dessen Rahmen der Einzelne ein guter Bürger sein kann, ohne doch zuvor zum guten Menschen geläutert worden zu sein. Kant war von der listigen Vernunft dieses Systems so überzeugt, dass er schließlich sogar erklärte: *Das Problem der Staatseinrichtung ist, so hart wie es auch klingt, selbst für ein Volk von Teufeln (wenn sie nur Verstand haben) auflösbar.* Auflösen lässt es sich eben dadurch, dass die *unfriedlichen Gesinnungen in einem Volke* in ein solches Verhältnis zueinander gebracht werden, dass sie, sich wechselseitig neutralisierend, zu einem Friedenszustand führen, vorausgesetzt allerdings, es handelt sich um Teufel *mit Verstand.* Welche Art Verstand? Es ist der Verstand der Selbsterhaltung. Sie müssen sich rational und berechenbar verhalten im Sinne solcher Selbsterhaltung. Nur dann, das weiß auch Kant, geht die Rechnung auf.

Bei dem Gedanken, dass wilde Selbsterhaltung zur Verfeindung führt, und verständig geregelte Selbsterhaltung einen Friedenszustand herbeiführen könnte, ist noch nicht bedacht, dass die Verfeindung auch noch andere Motive haben kann als die entfesselte Selbstbehauptung. Ein anderes Motiv ist, wie dargestellt, die thymotische Leidenschaft, die Lust auf Differenz und Überlegenheit. Verfeindungen werden nicht aufhören, wenn nicht auch diese Anlage diszipliniert und kultiviert wird. Und deshalb unternimmt Kant den eindrucksvollen Versuch – das ist das praktische Herzstück seiner Philosophie –, über den selbsterhaltenden *Verstand* hinaus eine *Vernunft* zu begründen, die jene thymotische Leidenschaft gewissermaßen in sich aufgenommen hat. Diese Vernunft appelliert nicht an die Selbsterhaltung, sondern auch an den Stolz: Sie gebietet unter Umständen das Opfer der eigenen Person, wenn die menschliche Pflicht es erforderlich macht. Diese Vernunft dient nicht dem Nutzen, sondern der Würde, insofern ist sie tatsächlich thymotischer Natur.

Den Kern der Kantschen Argumentation bildet der Glaube an diese stolze, mutige, thymotische Vernunft. Kant orientiert sich am Bild eines Menschen, der sich friedensfähig in eine Gemeinschaft einfügt, nicht weil er schwach ist und sich anpasst, sondern weil er über sich selbst herrschen, seinen Egoismus beherrschen kann. Solche Vernunft gilt Kant als universell. Sie ist das Organ, mit dessen Hilfe der Einzelne sich als Glied nicht nur eines Volkes und Staates, sondern der Menschheit begreifen kann. Die Vernunft entgrenzt. Der Einzelne, der seine Vernunft achtet und auf sie hört, entdeckt und achtet damit zugleich die Menschheit in sich. »Menschheit« nicht im Sinne einer statistischen Größe, sondern als Ausdruck für die Vernunftwürde des Einzelnen. Wer die »Menschheit« in sich ehrt, überwindet das bloße Selbsterhaltungsinteresse und wird fähig zur Solidarität. Diese Vernunft, so Kant, macht den Menschen zum Weltbürger. Sie ist der direkte Weg vom Ich zum Wir. Im Licht der Vernunft wird Versöhnung möglich, kann das Zeitalter des Ausgleichs anbrechen.

Hier aber beginnt die Vernunft von der Vernunft zu träumen. Zu diesen Träumen gehört, dass die Gegenspieler der Vernunft, für Kant sind es vor allem die dogmatischen Religionen, an Kraft verlieren könnten. Kant hoffte, Religionen ließen sich auf ihren gemeinsamen moralischen Kern – was Küng heute das »globale Weltethos« nennt – herunterkühlen. Es ist die Hoffnung, dass die Religionen aufhören könnten, im Namen eines exklusiven Gottes Rechtfertigungen für Grausamkeiten aller Art zu liefern.

Tatsächlich aber droht heute wieder eine Renaissance von Religionen, die Feindschaft zwischen die Menschen tragen. Das christliche Europa hat einschlägige Erfahrungen damit gemacht. Im Namen Gottes sind Kriege geführt und ungeheure Grausamkeiten begangen worden. Europa konnte die religiöse Bestialität nur überwinden mit Hilfe der Trennung von Religion und Politik, was bedeutet: die Religionen politisch neutralisieren, sie entmachten und zur friedlichen Koexistenz im öffentlichen Raum zu zwingen. Diese Lehre wurde aus den blutigen religiösen Bürgerkriegen des 16. und 17. Jahrhunderts gezogen. Wir haben wieder Anlass, uns dieser zivilisatorischen Errungenschaft zu entsinnen. Man muss nicht Glauben und Religion bekämpfen, sondern sich den Grundsatz zu eigen machen: Wer Gott mehr liebt als den Menschen, macht Gott zu einem Götzen, in dessen Namen dann auch Grausamkeiten gegen die Menschen verübt werden können. Aufgeklärte Religionskritik, wie die Kants, richtet sich gegen solche Menschen verachtende Gottesliebe. Sie bleibt aktuell. Denn während im Westen Nihilismus und Dekadenz zunehmen, wächst andernorts wieder eine Religiosität des verfeindenden Typs. Dostojewski schrieb einmal: *Ist Gott erst tot, ist alles erlaubt.* Das mag zutreffen. Aber, wie die Geschichte lehrt, gilt auch der Satz: mit Berufung auf Gott hat man sich schon alles erlaubt. Es gibt Götter, die zum Schlimmsten anstiften.

Es spricht einiges dafür, dass es gerade diese Götter sind, die bei der wachsenden Zahl der Globalisierungsverlierer ihren Anhang finden werden. Traditionsverlust, Entwurzelung und der praktizierte Nihilismus der Konsumkultur bilden den Nährboden für die absichtsvolle und militante Wiederverzauberung durch eine pervertierte Religion. In der ersten Hälfte des 20. Jahrhunderts spielten die totalitären Ideologien des Sozialismus und des Faschismus die Rolle der pervertierten Religion im Aufstand gegen die Zumutungen einer säkularisierten, pluralistischen Moderne. Der islamische Fundamentalismus heute setzt diese totalitäre Tradition fort. Man muss übrigens nicht genau angeben können, was eine authentische Religion ist, um eine pervertierte Religion als solche erkennen zu können, denn Bestialität und Dummheit sind von schlagender Evidenz.

Die Weltbilder der pervertierten Religion beanspruchen, das wahre Wesen von Natur und Geschichte zu kennen. Sie geben vor zu wissen, was die Welt im Innersten zusammenhält. Sie wollen das Ganze begreifen und greifen nach dem ganzen Menschen. Sie geben ihm die Geborgenheit einer Festung mit Sehschlitz und Schießscharte. Sie kalkulieren mit der Angst vor dem offenen Lebensgelände, vor dem Risiko der menschlichen Freiheit, die stets auch bedeutet: Ungeborgenheit, Alleinstehen, Ungewissheit. Sie wollen den Menschen von seiner schwierigen Freiheit, ein Einzelner zu sein, befreien und in ein Kollektiv eingliedern: dort darf er sich dann zugehörig fühlen – im verfeindenden Gegensatz zu denen, die nicht dazugehören. Dieser Gegensatz ist von elementarer Bedeutung: das Gefühl dieser Art Zugehörigkeit ist, genau besehen, nichts anderes als die Abgrenzung von den Feinden und dem Fremden. Die pervertierte Religion entlastet von der Freiheit, die immer auch das Gefühl der Entfremdung und der Einsamkeit einschließt.

Kein Zweifel: die westliche Kultur, die auf dem Prinzip der Freiheit und der Trennung von Religion und Politik beruht, ist ein »kaltes« Projekt. Hier haben die religiösen Wahrheiten inzwischen Bescheidenheit und die Kränkung ertragen gelernt, dass sie auf offenem Markte als bloße »Meinungen« oder »Gesinnungen« gehandelt werden. Eine päpstliche Enzyklika konkurriert mit den Do-it-yourself-Lebenshilfen und die Bibel mit den übrigen Esoterica. Wir im Westen sind eingetreten in das Zeitalter eines säkularisierten Polytheismus. In der pluralistischen Gesellschaft gibt es viele Götter, viele Wertorientierungen, eine Vielzahl von religiösen und halbreligiösen Sinnbestimmungen. Der eine Gott, der einmal den geistigen Zusammenhang der abendländischen Gesellschaft verbürgte, ist zersprungen in die vielen kleinen Hausgötter. Während die großen Kirchen sich leeren, wächst das Angebot für den religiösen Hobbykeller.

Wo aber die großen Kirchen öffentlich agieren, tun sie es in der Regel als mit Steuergeldern finanzierte Verwalter des gesellschaftlichen Restguthabens an Spiritualität. Sie legitimieren sich mit Blick auf die gesellschaftlich wünschenswerten Effekte. Zum »kalten« Projekt des Westens gehört, dass die religiösen Institutionen zu gesellschaftlichen Einrichtungen geworden sind, die sich ihre Funktionslücke gesucht haben als Anbieter von erbaulichen Konsumgütern und Dienstleistungen wie Sozialarbeit, Sinnbeschaffung und Feiertagsgestaltung.

Das alles muss dem heißen fundamentalistischen Sinnverlangen verächtlich erscheinen. Der Westen, der in den Ernüchterungen und Entfremdungen sein Glück gefunden hat, wird deshalb angegriffen von einem religiösen Fanatismus, der wieder aufs Ganze geht. Der ominöse »Kampf der Kulturen« ist tatsächlich entbrannt – in der westlichen Welt und an ihren Grenzen. Im Konflikt erst wird wieder deutlich, welche voraussetzungsreiche geistige Disposition das Lebensmodell der westlichen Demokratie überhaupt erst möglich macht. Es muss nämlich das Prinzip der Gewaltenteilung verinnerlicht worden sein. Es handelt sich dabei um Gewaltenteilung in einem erweiterten Sinn. Denn das Prinzip der Gewaltenteilung regelt nicht nur das politische Kräftespiel, sondern hat auch Konsequenzen für das Verständnis von »Wahrheit«: auch die Gewalt der Wahrheiten, besonders wenn sie religiös auftreten, wird beschränkt. Gewaltenteilung auf geistigem Gebiet bedeutet Abrüstung bei den Wahrheitsansprüchen. Wir haben gelernt, dass auch die Wahrheit teilbar ist. Dass sie aufgeteilt ist zwischen den Individuen. Dass die eine, unteilbare Wahrheit nicht in der Verfügung des Menschen liegt. Darum ist mit der Idee der Gewaltenteilung auch das Prinzip Toleranz verbunden. Ich bekämpfe deine Meinung, aber ich kämpfe darum, dass du sie sagen darfst – so definierte Voltaire bekanntlich die Toleranz.

Die Gewaltenteilung regelt nicht nur das Miteinander, sondern wird darüber hinaus ins Individuum verlegt. Der Einzelne wird daran gewöhnt, in verschiedenen Wertsphären zu leben. Politik, Wissenschaft, Wirtschaft, Kunst, Religion, Familie sind Bereiche, in denen verschieden gedacht, empfunden und gehandelt wird. Jeder bewohnt zugleich mehrere Welten. Innere Gewaltenteilung bedeutet also, dass der Mensch in sich selbst eine Balance der verschiedenen Mächte, in die er verstrickt ist, herstellt. Das Prinzip der Gewaltenteilung gilt also nicht nur für die Organisation des politischen Körpers, sondern auch für den Einzelnen. Aber täuschen wir uns nicht: Das komplizierte

System der Gewaltenteilung am eigenen Leibe ist eigentlich eine Zumutung für die Menschen, die gerne ein Leben aus einem Guss führen möchten ohne den Widerstreit verschiedener Wertsphären innerlich austragen zu müssen. Darum merkt man erst an den umkämpften Konflikt- und Bruchlinien die Fragilität des westlichen Lebensmodells, das vielleicht doch zu voraussetzungsreich ist, um als globales Paradigma der Vergesellschaftung gelten zu können.

Gleichwohl lohnt es sich für uns, die Nutznießer, dieses Modell zu verteidigen, auch und gerade wenn man sich eingesteht, dass Demokratie mit Glaubens- und Meinungsfreiheit, mit Gewaltenteilung und Trennung von Religion und Politik ein eher seltenes Gewächs in der menschlichen Geschichte ist und wenig dafür spricht, dass es global triumphieren könnte.

VI
Das Globale und das andere Ganze

Das Denken des Globalen gerät nicht nur beim Problem einer globalen Friedensordnung ins Ungewisse, in ein Dickicht von Problemen, über die sich der Globalismus als Ideologie mit seinen Patentrezepten gerne hinwegtäuscht. Globalität ist ein komplexer Zusammenhang, und das Handeln darin bringt meist andere Wirkungen als die beabsichtigten hervor. Das war zwar schon immer so, aber heute wissen wir mehr darüber und haben die Unschuld des Nichtwissens verloren. Denn inzwischen drängt sich sogar dem alltäglichen Bewusstsein der globale Problemhorizont auf, weshalb es immer mehr Gelegenheiten gibt, die eigene Ohnmacht zu erfahren. Die jeweilige Lebenswelt ist kein Schutzraum mehr. Fast jede Veränderung im Nahbereich – bei der Arbeit, beim Essen, im Verkehr, bei der Nutzung von Medien, im Gesundheitswesen – lässt sich als jeweils letztes Glied in einer Verursachungskette verstehen, die wir im einzelnen nicht mehr überschauen können, von der wir aber immerhin so viel wissen, dass sie weit zurückreicht ins überkomplexe globale Netz.

Früher waren spezielle Eliten fürs große Ganze zuständig, zuerst die Priester und Philosophen, dann auch die Politiker. Wer demonstrativen Umgang mit dem Ganzen pflegte, galt eben darum als Ausnahme-Mensch. In einer politisch großräumigen Welt, in der Zeit der Großreiche, wuchsen die praktischen Anforderungen an diese Eliten, die das Ganze nicht nur imaginierten, sondern es zum Gegenstand des konkreten politischen Handelns machen mussten. Im Römischen Reich gab es zum ersten Mal große Politik: »urbi et orbi«.

Zur modernen Globalisierung gehört, dass sich das globale Denken demokratisiert. Es ist zu einer Angelegenheit des allgemeinen Bewusstseins geworden. Deshalb gibt es – und das ist nur konsequent – auch den ideologischen Globalismus. Er ist aktueller Ausdruck einer Politisierung, die in großen Schüben das neuzeitliche Bewusstsein geprägt hat. Zu erinnern ist an die wichtige Zäsur am Ende des 18. Jahrhunderts.

Im Absolutismus war Politik ein Monopol des monarchischen Staates. Die monarchische Spitze war absolut, da sie die ungeteilte politische Macht besaß. Der absolutistische Staat monopolisierte die Politik; die Gesellschaft war frei von ihr, im doppelten Sinn: weder suchte sie – von Ausnahmen abgesehen – nach politischen Ausdrucksformen, noch wurde sie vom Staat in die Politik gezogen. Kurz und bündig kommt das spätabsolutistische Politikmonopol zum Ausdruck in einem Reskript der preußischen Regierung von 1767. *Eine Privatperson,* so heißt es dort, *ist nicht berechtigt, über die Handlungen, das Verfahren, die Gesetze, Maßregeln und Anordnung der Souveräne und Höfe … öffentliche sogar tadelnde Urteile zu fällen, oder davon Nachrichten, die ihm zukommen, bekannt zu machen und durch den Druck zu verbreiten.* Die von der Politik ausgesperrten *Privatpersonen* antworten mit einer Aufwertung ihres Innenlebens, ihrer Moral und Kultur. Gegen die Politik führen sie »den Menschen« ins Feld; den Menschen in einer Definition, die allem bloß Politischen überhoben ist. Schiller zum Beispiel lehrt 1784: die Theaterbühne habe dem Publikum einen Schauplatz zu bieten für die Empfindung, *ein Mensch zu sein,* und sie habe die Funktion eines Gerichtes. Die Gerichtsbarkeit der Bühne, die der politischen

Sphäre den Prozess macht, fange an, *wo das Gebiet der weltlichen Gesetze endigt.* Der Geist der Menschheit, die wahre *Humanität,* wird gegen die als eng empfundene politische Welt gekehrt. Darum muss die Gerichtsbarkeit der Bühne zugleich selbstbewusst und streng sein: *tausend Laster, die jene* (politische Gerichtsbarkeit) *ungestraft duldet, straft sie; tausend Tugenden, wovon jene schweigt, werden von der Bühne empfohlen.*

Der Fortgang der Geschichte ist bekannt: Um die Französische Revolution herum verwandelt sich die moralisierende und literarische Öffentlichkeit in eine politische, die vom Absolutismus das Prinzip Publizität einfordert. Damit zerbricht die Gesellschaft das absolutistische Politik-Monopol und nimmt es in sich zurück mit der Folge, dass sich der Bereich des Politischen vollkommen ändert: Politik wird zur Angelegenheit des ganzen Menschen und der Massen. In diesem Sinne wird sie total. Die »Levée en masse«, das allgemeine Aufgebot der Revolutionsarmeen, die Europa überschwemmen, bringt nicht nur das Ende der alten Kabinetts- und Söldnerkriege, sondern sie verändert grundlegend das Verhältnis der gewöhnlichen Menschen zur Geschichte, die zuvor wie eine Naturkatastrophe über die Menschen hereingebrochen war. Jetzt wird sie als historischer Ablauf verstanden, in den jedermann als potenzieller Aktivist hineingezogen werden kann. Jeder darf mitmachen beim Geschichte-Machen. Wenn Napoleon erklärt: *Die Politik ist das Schicksal,* sagt er, dass Politik nicht nur alles bestimmt, sondern dass sie ein Schicksal ist, das man in die Hand bekommen kann. Diese Politik, die nach dem ganzen Menschen greift und die Massen zur Geschichte emanzipiert, nimmt jetzt jenen Platz ein, den vormals das Numinose, das Erhabene, das Transzendente beansprucht hatten. Politik wird zu einer Angelegenheit des Herzens. Solche Totalisierung der Politik bedeutet aber auch: was sich nicht ins Politische übersetzen lässt, gilt als irrelevant.

Man muss sich den epochalen Politisierungsschub um 1800 als eine Vorform des heutigen Globalismus vergegenwärtigen.

Damals wurde das Verhältnis zwischen dem Einzelnen und dem Ganzen neu konfiguriert. Die Sinnfragen, für die einst die Religion zuständig war, werden jetzt an die Politik gerichtet: ein Säkularisierungsschub, der die sogenannten »letzten Fragen« in gesellschaftlich-politische verwandelt: Robespierre inszeniert einen Gottesdienst der politischen Vernunft, und im Preußen der Befreiungskriege von 1813 zirkulieren zum ersten Mal die Gebetsbücher des Patriotismus, der sich anschickt, zum Nationalismus zu werden.

Die Politisierung war die erste dramatische Einengung in der Wahrnehmung des Ganzen. Mitte des 19. Jahrhunderts vollzieht sich die zweite: die Ökonomisierung. Den Anspruch auf Schicksals- und Deutungsmacht erhebt jetzt der Ökonomismus, für den das Gelten von Werten zum Geld und die Wahrheit der Welt zur Ware wird. Tatsächlich verbinden ja das Geld und der Warentausch alles mit allem und dringen in die verborgensten Winkel der Gesellschaft und der Individuen ein. Wenn das Geld für so verschiedene Dinge wie Bibel, Schnaps und Sexualverkehr einen gemeinsamen Wertausdruck schafft, dann kann man darin eine Verbindung zum Gottesbegriff des Nikolaus von Kues entdecken, für den Gott die *coincidentia oppositorum,* den Einheitspunkt aller Gegensätze bedeutet. Indem das Geld zum Äquivalent aller Werte wird, erhebt es sich, wie einst Gott, über die Mannigfaltigkeit der erscheinenden Welt. Es wird zu einem Zentrum, wo das Unterschiedene und Entgegengesetzte ihr Gemeinsames finden. Die Zirkulationsmacht des Geldes hat den Geist überflügelt, dem man einst nachsagte, er wehe, wo er will …

Im gegenwärtigen Globalismus konvergieren Politisierung und Ökonomismus, diese beiden Reduktionen in der Wahrnehmung des Ganzen. Kein Wunder, dass man heutzutage nur mit Beklemmung und Engegefühl an das Globale denken kann. Der Ökonomismus weckt die Vorstellung eines letztlich monotonen Universums aus Arbeitshaus, Markt, Geldströmen und

Warenverkehr. Und die Politisierung verengt das Denken auf die Dimension von Strategie und Gegenstrategie. Das Globale verarmt in der politischen Wahrnehmung zum bloßen Gegenstand von Kalkülen der Macht oder Ohnmacht. Mit anderen Worten: Auch das Denken gerät in eine Globalisierungsfalle bei dem Versuch, aufs Ganze zu gehen. Monoton dreht es sich im Kreis der beiden Grundfragen: wie beherrscht man das Globale, fragen die einen, und wie rettet man es, fragen die anderen. Ebenso wie dem Denken ergeht es auch den Vorstellungen. Sie bleiben gefangen in den tausendmal gesehenen Fernsehbildern von Elend und Reichtum, Gewalt und Vergnügen, Wüsten und Metropolen. Für das mediengestützte globalisierte Bewusstsein werden die Räume eng, es fehlt das Gefühl von offener Weite. Das meiste kommt einem bekannt vor, ohne dass man es wirklich kennt, ohne Überraschung und doch beängstigend. Es zeigt sich eine Welt, die *mit Ähnlichkeit geschlagen ist* (Adorno). Das Globale hat aufgehört, eine lockende Ferne zu sein.

Wie einengend die Wahrnehmungsformen des Globalismus sind, merkt man im Kontrast zum Kosmopolitismus, der historisch älteren Art, sich auf das Ganze zu beziehen. Der Kosmopolitismus hatte, seit es ihn als artikulierte Erfahrung gibt, die Funktion einer Öffnungs-Klausel.

Der Kyniker Diogenes von Sinope, der Gegenspieler des großen Platon, hat den Ausdruck »Kosmopolites« (Kosmos-Bewohner) in Umlauf gebracht. Auf die vorwurfsvolle Frage, warum er von Sitten und Denkweise der Stadt abweiche, hatte er geantwortet: er sei nicht Bewohner einer Stadt, sondern des Kosmos. Der Kosmos galt als das große Ganze, zu dem man eigentlich gehört und wo man Zuflucht findet vor den einengenden Gesetzen und Regeln der Polis. Sie lassen sich aus der Perspektive einer höheren Ordnung relativieren. Beschreibt man Städte, Völker und Nationen als Erregungsgemeinschaften, zeigt sich der doppelte Sinn des Kosmopolitismus. Er will ernüchtern und bietet darüber hinaus einen Rausch eigener Art an. Was die Ernüchterung betrifft, so erinnert der Kosmopolitismus an basale Gemeinsamkeiten des Menschengeschlechtes. Von überall, sagt Aristipp, ist es gleich weit zum Hades. Der Kosmos erinnert uns daran, dass wir Sterbliche sind. Nur in der Stadt ist man versucht, die eigene Bedeutung zu überschätzen. Soweit die Ernüchterung. Aber es gibt für den Kosmopoliten noch die andere Seite, denn der Kosmos grenzt nicht nur an den Hades, sondern auch an den Himmel, an einen Gott, der über die jeweiligen Städte- und Stammesgötter hinausreicht. Der Kosmopolit überschreitet die vom menschlichen Gesetz beherrschte Sphäre in beide Richtungen – zum Bewusstsein der gemeinsamen Hadesnähe und zum Bewusstsein eines *Gefüges aus Menschen und Gott*, wie es bei Epiktet heißt.

Es gab Epochen, in denen manchen sogar ein solcher Kosmos zu eng wurde. Die Gnosis, der große spirituelle Widerpart der frühen Christenheit, verdammte den ganzen Weltkreis als misslungene Schöpfung, als Gefängnis der Seele. Kein Wunder, denn dieser Weltkreis war inzwischen deckungsgleich mit dem römischen Weltreich. Da die damals bekannte Welt als Reich gewissermaßen zu einer einzigen Stadt geworden war, strebte die kosmopolitische Entgrenzung über diesen bekannten Kosmos hinaus ins Akosmische. Das Christentum war demgegenüber das geniale Unternehmen, ins römische Weltreich ein spirituelles Reich hineinzubauen. Die Grenzen beider Reiche mochten auf Erden zusammenfallen, aber das spirituelle Reich der Christen war nach oben offen … Für Geräumigkeit war gesorgt. Und auf Geräumigkeit, beseelte und beseelbare, kam es an, damals wie heute.

Der Kosmopolitismus verliert auch in der Neuzeit nicht seine Funktion einer Öffnungs-Klausel. Wenn Dante dem Streit der oberitalienischen Städte entrinnen und vermeiden will, in den Erregungskessel der Bürgerkriege hineingezogen zu werden, dann bezeichnet auch er sich als kosmopolitischen Dichter, dem die Heimat die Welt ist.

Ein Kosmopolit, der seine sozialen und politischen Bindungen lockert mit Berufung auf den weiteren Umkreis des Menschlichen, muss Gegner auf den Plan rufen, die ihm Verantwortungslosigkeit und Flucht in ein Ideenreich vorwerfen, wo man träumen, aber nicht wohnen, wo man schwärmen, aber nicht handeln kann. Der Mensch, so lautet die Kritik, muss das Menschliche in einer konkreten Gemeinschaft – einem Stamm, einem Volk, einer Nation – verwirklichen, sonst hat es keine Wirklichkeit. Diese Kritik richtet sich nicht prinzipiell gegen den Kosmopolitismus, sondern nur gegen seine eskapistische, vielleicht sogar heuchlerische Tendenz. Man soll, argumentiert Fichte, kosmopolitisch denken und patriotisch handeln. Das Kosmische und Allgemein-Menschliche soll nicht über und um uns schweben, sondern sich in etwas Besonderem konkretisieren, und das ist nun einmal unsere »patria«. Fichte befürwortet einen Kosmopolitismus, der sich nicht scheut, in einem *geschlossenen Handelsstaat* Wurzeln zu schlagen.

Das ist noch eine freundliche Kritik des Kosmopolitismus. In der Epoche der totalitären Diktatur des Nationalismus und des Sozialismus wurde bekanntlich der Kosmopolitismus ausdrücklich als feindlich und bedrohlich gebrandmarkt. In den totalitären Völkergefängnissen musste der Kosmopolit als unsicherer Kantonist, schlimmstenfalls als Verräter erscheinen. In diesen Zeiten bewährte sich auf eindrucksvolle Weise die kosmopolitische Öffnungs-Klausel.

Der heutige Globalismus hat diese Funktion nicht mehr. Resümieren wir unter diesem Gesichtspunkt noch einmal die verschiedenen Formen des Globalismus.

Die neoliberale Ideologie lässt das Kapital in ganz trivialem Sinne kosmopolitisch sein, vorausgesetzt man nennt die Maßgabe: »Mein Vaterland ist, wo es mir gut geht« kosmopolitisch. Tatsächlich hat das Kapital viele Vaterländer; es ist immer dort zu Hause, wo es sich gut verwertet. Kosmopolitisch in diesem Sinne sind dann auch die Global Players, die an den Routen ihres Kapitals wohnen und um den Globus herum mailen, faxen und jetten. Der Globalismus als Ideologie der Global Players hat auch die Funktion einer Öffnungs-Klausel, aber in einem anderen Sinne als der Kosmopolitismus. Dieser Globalismus fordert die Öffnung der Märkte für das Anlagekapital, für die Produkte und Dienstleistungen der Dritten Welt aber gilt das Prinzip des geschlossenen Handelsstaates.

Der Globalismus als Anti-Nationalismus (oder Multikulturalismus) erweist sich, zumal in Deutschland, ebenfalls nicht als Öffnung, sondern als bloßes Manöver der Entlastung. Auf der Flucht vor der eigenen Geschichte sucht man Zuflucht im Ganzen.

Und was schließlich den ökologisch-ökumenischen Globalismus der Weltrettung betrifft, so setzt er nicht auf kosmopolitische Geräumigkeit, sondern auf die globale Platzangst.

Wie auch immer: der Globalismus macht die Räume eng und dort, wo er wirklich sensibel, moralisch und verantwortungsvoll ist, türmt er Problemgebirge auf, an denen man verzweifeln kann.

Der Globalismus ist ein Symptom der Überforderung. Die Globalisierung hält offenbar kein Mensch aus, darum die Einmauerung in Ideologien (Neoliberalismus, Multikulturalismus usw.) und die Flucht in Untergangs- und Rettungsfantasien. Natürlich gibt es auch einen nüchternen, politisch versierten, vom Gerechtigkeitsgefühl geleiteten praktischen Umgang mit den Problemen der Globalisierung. Die Globalisierungskritiker von »Attac« zum Beispiel schwelgen nicht in Weltuntergangsszenarien, sondern lassen Analysen zirkulieren, decken Widersprüche und Skandale auf, und regen zu pragmatischen Widerstandsaktionen an. Auch in den Machtapparaten der offiziellen Politik gibt es Symptome des Umdenkens. Gleichwohl oder gerade deshalb gilt: das Globale ist zur Arena der Ökonomie, der Medien, der Politik, der Strategien und Gegenstrategien geworden. Es ist nicht mehr jenes Ganze der Theologie, der

Metaphysik, des Universalismus und des Kosmopolitismus; es ist ein Ganzes, das zum Gegenstand ökonomischer, technischer, politischer Bearbeitung geworden ist. Daher das eigenartige Gefühl der Schrumpfung im globalen Maßstab. Alles kommt einem irgendwie vertraut vor, auch die schlechten Nachrichten. Aus allen Weltgegenden tönen die globalen Imperative. Mit jeder Information wird das Gefühl der Ohnmacht gleich mitgeliefert. Globalität erscheint als Systemzusammenhang, so gewaltig und letztlich subjektlos funktionierend, dass es fast schon obszön wirkt, an die Bedeutung des Individuums zu erinnern.

Doch das muss man, man muss einmal die Bühne drehen und sich klar machen, dass nicht nur der Kopf in der Welt, sondern auch die Welt in unserem Kopf ist. Gewiss, das Individuum ist nichts ohne das Ganze, zu dem es gehört. Aber es gilt auch das Umgekehrte: dieses Ganze gäbe es gar nicht, wenn es sich nicht in unseren Köpfen, in jedermanns Kopf, spiegelte. Jedes Individuum ist die Bühne, wo die Welt ihren Auftritt hat, wo sie zur Erscheinung kommen kann. Die Welt wird bedeutungsreich oder öde sein, je nachdem ob das Individuum hell oder stumpf ist. Globalisierung gestalten, bleibt deshalb eine Aufgabe, die sich nur bewältigen lässt, wenn darüber nicht die andere große Aufgabe versäumt wird: das Individuum, sich selbst, zu gestalten. Denn auch das Individuum ist ein Ganzes, wo sich Himmel und Erde berühren.

VII
Das Individuum und sein Immunsystem

KOMMEN WIR ALSO vom Globalen zurück auf den Menschen als Individuum, in seiner begrenzten Lebenswelt und Lebenszeit. Dort muss jeder sein Verhältnis zwischen dem Denkbaren und Lebbaren für sich selbst bestimmen. Zu einem Individuum wird man erst, indem man sich eine Gestalt, einen Umriss gibt, also Grenzen zieht. Das ist eine schwierige Aufgabe, zu deren Bewältigung sich eine ganze Ideenwelt, die des Individualismus, herausgebildet hat. Der Individualismus ist eine wichtige Errungenschaft der politischen und philosophischen Kultur Europas. Er basiert auf dem Gedanken, dass die Verschiedenheit der Menschen nicht nur ein Faktum darstellt, sondern ein bewahrenswertes Gut, einen Reichtum. Es wird nicht nur vorausgesetzt, dass es Individuen gibt, sondern gefordert, dass es Individualität geben soll. Diese normative Entscheidung ist mit der Idee verbunden, Staat und gesellschaftliches Leben müssten so organisiert werden, dass Menschen ihre Individualität voll entfalten können, ohne sich wechselseitig dabei zu behindern. Aus diesem Denken, worin plurales Sein zum Sollen und zum schützenswerten Gut erhoben wird, wurden die anderen normativen Ideen entwickelt, welche die aufgeklärte europäische Moderne ausmachen: Meinungs- und

Gewissensfreiheit, Toleranz, Gerechtigkeit und körperliche Unversehrtheit.

Die Verteidigung und Entwicklung der Individualität hat selbstverständlich eine lange Vorgeschichte, die hier nicht erzählt werden soll. Antikes und vor allem christliches Erbe spielt herein. Eine Religion, deren Gott den einzelnen Mensch mit »Du« anredet, schafft günstige Voraussetzungen dafür, dass sich ein Individuum ernst nehmen kann. Und doch ist der Individualismus ein Produkt der Säkularisierung. Denn er setzt den Geltungsverlust religiöser Aussagen über Sinn und Zweck des Ganzen schon voraus. Der Individualismus legt den Sinn nicht mehr in solche »Ganzheiten« wie Gott, Menschheit, Volk, Staat, sondern in den Einzelnen. Der Sinn des Ganzen ist die Ermöglichung von reicher Individualität. Reich ist das Individuum aber nur, wenn es den eigenen Reichtum entdeckt und entfaltet. Der Einzelne – jeder Einzelne – ist das Sinnzentrum des Ganzen.

Grundlegend ist dabei die Überzeugung, dass der Mensch ein Wesen von fast unbeschränkter Autoplastizität ist. Er kann vieles mit sich und aus sich machen. Im gewissen Sinne ist das Bilderverbot von Gott auf das Individuum verschoben: Du sollst dir nicht nur von Gott, sondern auch vom Menschen kein Bild machen. Der Mensch, der sich zur Individualität bildet, sprengt jedes fixierende Bild und darf deshalb auch nicht durch ein solches festgelegt werden. Jedes Individuum, erklärt Wilhelm von Humboldt, bringt eine neue eigentümliche Gestalt hervor, durch die es den Begriff der Menschheit bereichert. Ein solcher Individualismus setzt auf die Freiheit als Voraussetzung, lässt aber das Wozu dieser Freiheit unbestimmt. Nicht, weil sich nichts weiter darüber sagen ließe, sondern deshalb, weil man zu viel darüber sagen müsste, so viel nämlich, wie es Individuen in der Welt gibt. Freiheit ist schöpferisch, und der Individualismus will die Bedingungen dafür bewahren. Er legt die schöpferische Selbstgestaltungsfreiheit nicht normativ auf bestimmte Ergebnisse und Leistungen fest, sondern verteidigt – auch normativ – die Voraussetzungen dieser Freiheit. Dieses Denken, das der liberalen Demokratie zugrunde liegt, will den Menschen nicht in einem Ganzen aufgehen lassen, sondern erkundet – theoretisch und praktisch – die Chancen des Einzelnen, selbst zu etwas Ganzem zu werden. Dabei gerät eine elementare Voraussetzung für Individualität in den Blick: Notwendig ist die Kraft zu einer Selbstbegrenzung, die gewissermaßen als Immunschutz gegen überwältigende Reize und entgrenzende Horizonte wirkt.

Goethe, der genau wusste, was für die Bildung eines Individuums erforderlich ist, schreibt in »Wilhelm Meisters Wanderjahren«: *Der Mensch ist zu einer beschränkten Lage geboren; einfache, nahe, bestimmte Ziele vermag er einzusehen und er gewöhnt sich, die Mittel zu benutzen, die ihm gleich zur Hand sind; sobald er aber ins Weite kommt, weiß er weder, was er will, noch was er soll, und es ist ganz einerlei, ob er durch die Menge der Gegenstände zerstreut oder ob er durch die Höhe und Würde derselben außer sich gesetzt werde. Es ist immer sein Unglück, wenn er veranlasst wird, nach etwas zu streben, mit dem er sich durch eine regelmäßige Selbsttätigkeit nicht verbinden kann.*

Goethe hat, wie so oft, auch hier das Richtige getroffen. Es gibt eine Reichweite unserer Sinne und eine Reichweite des vom Einzelnen verantwortbaren Handelns, einen Sinnenkreis und einen Handlungskreis. Reize, so kann man mit großer Vereinfachung sagen, müssen irgendwie abgeführt werden. Ursprünglich in der Form einer Handlungs-Reaktion. Handlung ist die entsprechende Antwort auf einen Reiz. Deshalb sind auch der Sinnenkreis, worin wir Reize empfangen, und der Handlungskreis, in den sie abgeführt werden, ursprünglich miteinander koordiniert. Aber eben nicht gut genug koordiniert. Auch hierbei sind wir Halbfabrikate. Wir müssen nämlich selbst ein Filtersystem entwickeln, das Reize, auf die man gar nicht angemessen reagieren kann oder auch nicht zu reagieren braucht, wegfiltert. Unsere Sinne sind vielleicht zu offen. Unser diesbezügliches Immunsystem ist nicht ausreichend. Auch das gehört zur Arbeit an unserer zweiten Natur: die Entwicklung eines kulturellen Filter- und Immunsystems.

Mit der globalen Informationsgemeinschaft der Medien aber haben wir diese Aufgabe auf sträfliche Weise vernachlässigt. Denn die globale Informationsgemeinschaft bedeutet in diesem Zusammenhang: dass die Menge der Reize und Informationen den möglichen Handlungskreis dramatisch überschreitet. Der durch Medienprothesen künstlich erweiterte Sinnenkreis hat sich vollkommen vom Handlungskreis losgelöst. Man kann handelnd nicht mehr angemessen darauf reagieren, also die Erregung in Handlung umsetzen und abführen. Während einerseits die individuellen Handlungsmöglichkeiten schwinden, steigert andererseits die unerbittliche Logik des Medienmarktes mit seinen Informations- und Bilderströmen die Zufuhr von Erregungen. Das muss so sein, weil ja die Anbieter von Erregung um die knappe Ressource »Aufmerksamkeit« beim Publikum konkurrieren. Dieses aber, inzwischen an Sensationen gewöhnt und danach süchtig, verlangt nach einer höheren, jedenfalls neuen Dosis von Erregung. Statt Handlungsabfuhr: Erregungszufuhr.

Was geschieht mit Reizen, die nicht mehr handelnd beantwortet und abgeführt werden? Der Abgebrühte hat sie vielleicht durch Abbrühen unschädlich gemacht. Aber auch bei ihm werden diese Reize Spuren hinterlassen. Wenn sie nicht weggefiltert werden, lagern sie sich irgendwo in uns ab, in einem neuen Bereich des Unbewussten, einem Unruheherd mit frei beweglicher Erregungsbereitschaft, nur lose mit ihren jeweiligen »Gegenständen« verbunden. Man wird, wie Goethe feststellte, *zerstreut*. Aber es handelt sich um eine erregte Zerstreuung – wie nach einer Explosion. Man muss sich das so vorstellen: Jeder ist zunächst in seiner Arbeit und sonstigen Lebenstätigkeit konzentriert, zusammengedrückt; wenn dieser Druck nachlässt, in der sogenannten Freizeit, bersten diese vom Druck

Befreiten auseinander und stürzen sich auf die tausend Bilder von Ereignissen, die sie eigentlich nichts angehen. In Wahrheit aber sind es die Bilder, die auf sie einstürzen. Wie auch immer, der Medienkonsument erlebt die globale Welt als Schauplatz seiner Erregungen: auf Dauer gestellte okkasionalistische Erregungen auf der Suche nach immer neuen Gelegenheiten. Globalisierung, die über die Medien nach innen schlägt, begünstigt latente Hysterie und Panikzustände.

Das erzeugt auch einen bestimmten politischen Moralismus, eine Fern-Ethik im Zeitalter des Fern-Sehens. Man denke nur an die Beispiele Jugoslawien und zuletzt Afghanistan nach dem 11. September.

Betrachten wir die Methode der Kriegsführung auf dem Balkan. Sie hat Wirkung gehabt, der Bürgerkrieg wurde eingedämmt, der Kriegstreiber Milošević gestürzt. Ob es so viele Opfer und Zerstörung bei der Zivilbevölkerung hätte geben müssen, ist umstritten. Offensichtlich aber hat die Methode des Bombenkriegs sehr genau die Stimmungslage des von ferngesehenen Bildern beeinflussten Westens widergespiegelt. Man muss etwas tun, so verlangt es die Moral des westlichen Über-Ichs. Es passt zu diesem Über-Ich, dem vor allem Genüge getan werden muss – fast noch mehr als den betroffenen Menschen –, dass es aus großer Höhe operiert. Die Kriegsführung bei verminderter Bodenberührung ist die reale Entsprechung zum moralischen Engagement im Fernsehsessel, wo es überhaupt keine Bodenberührung mehr gibt und das unriskante Helfertum sich imaginär ausleben kann. Kriege unter Televisionsbedingungen bringen den neuen Typus des medialen Trittbrettfahrers hervor. Vor Ort flogen die Bomber, um kein Abschuss-Risiko einzugehen, zu hoch, um optimale Zielgenauigkeit zu erreichen mit der Folge, dass auch unbeteiligte Zivilisten und zivile Ziele in größerem Umfang getroffen wurden. Es war so, als würde man bei einem Bankeinbruch die ganze Bank sprengen statt den Bankräuber zu eliminieren.

Diese eigenartige Form der Hilfeleistung, wo das größere Risiko auf Unbeteiligte – »Kollateralschäden« – abgewälzt wird, ist ein typisches Problem der Moral im Zeitalter medialer Kriegsführung.

Entsetzliche Nachrichten dringen auf uns ein, man fühlt eine moralische Handlungsverpflichtung. Moralisch rückt das Ferne einem nahe, aber das Handeln soll ein Handeln aus der Ferne oder aus großer Höhe bleiben. Man lässt Bomben auf dem Boden einschlagen, meidet aber sonst die Kampfhandlungen am Boden, die Verwicklung in die lokalen Verhältnisse mit allen Risiken, die sich daraus ergeben.

Im Kosovo war die Frage der Bodenberührung ein hochbrisantes militärtaktisches und zugleich moralisches Problem. Aber darüber hinaus handelt es sich hier um ein Symptom der globalen Mobilitätsform, die auch sonst die Einbindung in die jeweiligen komplexen Lebenswelten meidet. Die Standorte gleichen Wanderdünen. Verminderte Bodenhaftung ist ein Grundzug der Globalisierung.

Was Afghanistan betrifft, so kam nach dem 11. September und den Bildern, die sich dem Bewusstsein eingebrannt haben, noch das Gefühl der eigenen Bedrohung hinzu. Traumatisierend war für den Westen die Erfahrung, wie extrem verletzlich unsere technisch hochkomplexe Zivilisation ist. Man hat sich daran gewöhnt, dass der Einzelne in den komplexen Gebilden kaum noch zählt, man denkt in »Systemen« und erfährt plötzlich, welche ungeheure Wirkung einige wenige zu allem entschlossene Einzelne ausüben können. Mit Teppichmessern bewaffnet lässt sich bei geschickter Ausnutzung der Infrastruktur, die gegen das »System« gelenkt wird, ein Inferno mit globalen Folgen anrichten. Der Einzelne zählt wieder, auf schauerliche Weise – das ist die Lektion, die der Terrorismus erteilt. In dieser Situation erscheinen die eigentlich gebotenen Maßnahmen der Verbrechensbekämpfung als nicht spektakulär genug. Sie würden vom medial hysterisierten und in Panik versetzten Bewusstsein nicht als angemessen empfunden werden können. Deshalb muss es ein »Krieg« sein, den man, teils wirklich, teils rhetorisch, gegen den Terrorismus führt, obwohl doch entstaatlichte Gewalt und molekularer Bürgerkrieg die traditionelle Form des Krieges zwischen Staaten unterläuft.

Der Terrorismus operiert auf zwei Ebenen: der konkreten und der symbolischen. Es gibt die Aktionen, aber ebenso wichtig ist die Verbreitung der Schreckensnachricht. Die Medien werden deshalb zu unfreiwilligen Komplicen. Die einen produzieren den Schrecken in der Erwartung, dass die anderen ihn verbreiten. Gewiss, der Bote ist nicht verantwortlich für die schlechte Nachricht, das ändert aber nichts daran, dass zum Wesen des modernen Terrorismus die Verwendung der medialen Botenstoffe gehört. Ein echtes Dilemma: man müsste eigentlich analog zu den medizinischen Praktiken der Blockierung von Übertragungswegen die Verbreitung der Schreckensnachrichten unterbinden, was aber der Informationspflicht zuwiderläuft. Auch die Medienrevolution frisst ihre Kinder.

Für beide Beispiele – die Fern-Ethik im Zeitalter des Fern-Sehens und die unfreiwillige Komplicenschaft von Terror und Medien – gilt das Prinzip der Ent-Fernung der Entfernung. Das globale System wird zu einem simultanen Ganzen: was dort geschieht, kann hier gleichzeitig in Echtzeit wahrgenommen werden. Das Hier wird zum Anderswo und zuletzt zum Überall. Es entsteht ein homogener Raum und eine neue Gleichzeitigkeit. Das tiefgestaffelte System von Wahrnehmungshorizonten, das sich radial und abstufungsreich um die individuelle Leibzentrierung herum aufbaut, löst sich auf. Das Ferne belästigt uns mit trügerischer Nähe und das Zeitgleiche, vor dem wir durch Distanz geschützt waren, dringt in unsere Eigenzeit ein. Wenn früher etwas an entferntem Ort geschah, war es schon längst vorbei, wenn man anderswo davon Kunde erhielt. Das verspätet übermittelte Ereignis hatte Zeit genug, sich mit Imaginationen und Interpretationen zu verbinden. Es war schon bearbeitet, ehe es ankam. Dadurch verloren die fernen Ereignisse niemals ihren Charakter der Ferne, die infolge der langen Übermittlungswege Merkmale des Legendenhaften, Symbolischen und Geistigen annahmen. Kein Wunder, denn dieses Ferne wurde im Medium der Sprache vermittelt. Sprachliche Repräsentation aber bewahrt die Ferne des Repräsentierten. Was Walter Benjamin einst als die »Aura« definierte – *die einmalige Erscheinung einer Ferne, so nah sie sein mag* –, hat sich inzwischen zersetzt: heute wird alles zur Nähe, wie fern es auch sei. In der Tele-Kommunikation, insbesondere in der Tele-Vision, vollendet sich eine Entwicklung, die mit technisch robusteren Formen der Raumüberwindung begonnen hat. Sensible Beobachter ahnten das bereits im frühen 19. Jahrhundert. *Durch die Eisenbahn,* schreibt Heinrich Heine, *wird der Raum getötet, und es bleibt nur noch die Zeit übrig … Mir ist als kämen die Berge und Wälder aller Länder auf Paris angerückt. Ich rieche schon den Duft der deutschen Linden; vor meiner Tür brandet die Nordsee.*

Trotz der entwickelten Technik der virtuellen Raumüberwindung – Television, Telefonie, Datenübertragung – nimmt auch das physische Reisen weiter zu. Geschäftig oder um sich die Zeit zu vertreiben, treibt man sich unentwegt in den Räumen herum. Das mobile Leben trägt dann, wie wir wissen, einiges zur Verwüstung der Räume bei. Es ist, als würde sich die vertriebene Zeit an den Räumen rächen. Um schnell große Distanzen in möglichst kurzer Zeit zu überwinden, werden Straßen und Schienenwege, Flughäfen gebaut, wodurch Landschaften verbraucht werden. Die hohe Geschwindigkeit zwingt zu einem Wegebau, auf denen man sich ohne Hindernis und störende Anteilnahme bewegen kann. Die Bedeutung des durchmessenen Raums verschwindet. Zwischen Abfahrt und Ankunft gibt es eine Art Tunnel; die Zeit, die man darin verbringt, soll wie im Fluge vorbeigehen, also am besten ohne eine Erfahrung, die etwas mit dem Fahren selbst zu tun hat. Geworben wird deshalb auch mit dem Hinweis, dass man auf guter

Straße, in einem guten Auto und in einem schnellen Zug so ankommt, wie man abgefahren ist: unzerknittert, frisch und entspannt. Was zum Verschwinden gebracht werden soll, sind die Mühen der Annäherung an einen entfernten Ort.

Aber man erfährt etwas nur auf dem Wege der Annäherung. Wer zu schnell irgendwo ist, ist nirgendwo. Von den Ureinwohnern Australiens wird berichtet, dass sie nach längerem Fußmarsch vor ihrem Zielort für einige Stunden niedersitzen, damit die Seele Zeit hat nachzukommen. War früher das Fahren eine Erfahrung, so kam man als ein Verwandelter an. Heute aber gilt: wer immer als derselbe ankommt, wird auch die Orte, wo er ankommt, einander gleich machen wollen. Die globale Mobilität uniformiert die Räume. Und die Waren-, Kapital- und Informationsströme gleichen dort, wo sie hinkommen, die Verhältnisse einander an. Was aber nicht davon berührt wird, bleibt doch nicht unberührt. Es wird zum Ausgeschlossenen, Vernachlässigten: ein marginalisierter Rest, der zum Ganzen gehört, indem er nicht dazu gehört. So oder so – das Lokale wird »glokal«, wie man das heute nennt.

Die Ent-Fernung der Entfernung ist also ein Grundzug der globalisierten Welt. Wenn das Nahe und das Ferne im künstlich erweiterten Wahrnehmungshorizont sich vermischen, ist die Orientierung an den individuellen Raum-Zeit-Koordinaten beeinträchtigt. Deshalb bilden sich neue Routinen heraus, die es erlauben, womöglich virtuos mit dem Nahen und dem Fernen, dem Eigenen und dem großen Ganzen zu hantieren und umstandslos die Formate zu wechseln. Der Mensch, als sorgebereites Wesen, lernt, sich nun auch um die Zukunft des Planeten zu sorgen. Die globale Drohkulisse – das Abschmelzen des Polareises, die Genmanipulation, der Overkill, das Verschwinden des Regenwaldes, die weltweite Ausbreitung von Aids, das Ozonloch, das Rentenfinanzierungsloch – gehören dann zur Innenausstattung unserer unmittelbaren Lebenswelt. Auf Schritt und Tritt gerät man in Situationen, die uns beunruhigend erfahren lassen, dass die Reichweite der Bekanntschaft mit dem Globalen und die Reichweite möglichen Handelns dramatisch auseinander driften. Vorbei die Zeiten, da menschliche Handlungsmöglichkeiten geschützt waren durch Nichtwissen, da das Handeln verknüpft blieb mit einem Nahbereich, der sich noch annähernd verantworten ließ. Tatsächlich hat das lebensgeschichtliche Improvisieren im Nahbereich seine Unschuld verloren.

Da bekanntlich alles mit allem zusammenhängt und man undeutlich davon weiß, findet der Einzelne sich unversehens in einem Netzwerk von neuen Imperativen und Appellen gefangen. Was tust du gegen das Ozonloch, gegen den weltweiten Terrorismus, gegen die Kinderarbeit in Ost-Timor, gegen die Unterdrückung der Oguschen?

Wie geht man damit um? Das Über-Ich, so wie es Freud sich ausgedacht hat, ist vielleicht harmlos im Vergleich zu jenem Über-Ich, das die Verantwortung für die globale Zukunft einem einpflanzt. Zwar dürfen wir jetzt wieder über Bäume sprechen, aber es muss ein Gespräch übers Waldsterben sein, wenn es zukunftsethischen Bestand haben soll.

So etwas hält auf die Dauer kein Mensch aus. Und so geschieht, was in ähnlich gelagerten Fällen immer geschehen ist: man lässt sich auf das Spiel der Spaltungen ein. Da gibt es die öffentliche, globale Zukunft und die private. Der beruhigende Gedanke an die eigene Altersversorgung koexistiert friedlich mit der leidenschaftlichen Apokalypsepredigt. Mit jeder Liebesgeschichte und Wohnungseinrichtung, mit jedem Arbeitsvertrag und Buchprojekt zweigen wir uns aus einer Zukunft, die uns kaum eine Chance lässt, eine kleine private Zukunft ab, die uns, nur mäßig von der öffentlichen Katastrophenvermeidungsethik gebremst, weiterwursteln lässt. Wer nicht durch dauerhafte Überforderung in Panik geraten will, versucht es mit der Gewitztheit des »als ob«. So wird die gespaltene Existenz in Bezug auf die globalen Zukunftsprobleme lebbar. Außerdem gibt es da noch die praktikable Vorrichtung der Arbeitsteilung.

Die Zumutungen des Über-Ichs hat man immer schon abgewehrt mit Hilfe von Delegieren. Es muss Akteure des Über-Ichs geben – früher beispielsweise die Priester und Philosophen –, damit ich nicht alles selbst machen muss, was mir das Über-Ich gebietet. Auch die globalen Problemhorizonte sind wohl nur mit Hilfe der Arbeitsteilung auszuhalten. Das Problem dabei ist, dass man wenig Grund hat, den neueren Spezialisten fürs Globale über den Weg zu trauen. Denn auf der Bühne, wo tatsächlich mit globaler Auswirkung gehandelt wird, agieren zumeist Leute mit starken ökonomischen und machtpolitischen Eigeninteressen. Es wäre ja erfreulich, wenn tatsächlich global gedacht und lokal gehandelt würde. In der Regel aber gilt der umgekehrte Fall: die Global Players verfolgen die borniertesten, lokalen Eigeninteressen – aber mit globaler Reichweite.

VIII
Dickicht und Lichtung

DER GLOBUS WAR einst der Inbegriff des herausfordernden Geheimnisses. Das Globale aber hat aufgehört, ein Geheimnis zu sein. Das liegt daran, dass wir uns zunehmend in einem selbst gemachten Universum bewegen. In der technisch gestützten und global vernetzten Zivilisation hat es der Mensch immer mehr und immer ausschließlicher nur mit sich selbst, d.h. mit den Spuren seiner Tätigkeit zu tun und bewegt sich in der eigenen Zeichenwelt. Wir bekommen das Problem, dass unsere Lebenswelt fast nur noch in die zweite Natur, die künstliche Welt also, eingeschachtelt ist. Das erzeugt eine ganz besondere Langeweile. Das menschliche Leben wird tautologisch, wenn es nur noch den Spuren der eigenen Tätigkeit begegnet.

Globalisierung ist, metaphorisch gesprochen, eine planetarische Rodung der ersten Natur, damit an ihre Stelle die zweite Natur gesetzt werden kann. Zivilisationen sind, immer noch metaphorisch gesprochen, aus dem Wald herausgeschlagen worden als eine Art Lichtung. Mit Hilfe dieser Metaphorik aus Wald und Lichtung lässt sich die Geschichte unserer Zivilisation als Kurzgeschichte erzählen. Es war Giambattista Vico, der Begründer des modernen Geschichtsdenkens, der das in seiner philosophischen Fantasie über die *Neue Wissenschaft* zum ersten Mal versucht hat, als er die Geschichte bei jenen *Giganten* beginnen ließ, welche die ersten Wälder rodeten.

Diese Giganten hausten in Wäldern, sie kannten keinen Himmel, weil das Blätterdach ihn verbarg. Ein Gewitter mit furchtbaren Blitzen riss eine Lichtung; *lucus* schreibt Vico, und das bedeutet beides: Auge und Lichtung. Zum ersten Mal können die Giganten den Himmel sehen und fühlen sich von ihm gesehen. Sie sind nicht mehr alleine. Nach der Lichtung des Waldes stehen die Giganten im Freien und es beginnt das Drama des Sehens und der Sichtbarkeit, des Hörens und Gehörtwerdens. Von nun ab gibt es kein Halten mehr: in der Lichtung bildet sich die Kommunikationsgemeinschaft, das erste menschliche Netzwerk. Vico schreibt: *Die Ordnung der menschlichen Dinge schritt so vorwärts: zunächst gab es die Wälder, dann die Hütten, darauf die Dörfer, später die Städte und schließlich die Akademien.*

Vico lässt keinen Zweifel daran, dass, seit es Akademien gibt, die Lichtungen begonnen haben, sich in Wüsten zu verwandeln. Es war das Jahr 1744, als Vicos *Neue Wissenschaft* erschien.

Die Lichtung sei ein Ort der Wahrheit, der Unverborgenheit, sagt Heidegger. Muss man nicht zuerst Platz schaffen, um etwas zu erkennen? Muss man nicht Bäume fällen, um sie als Bäume überhaupt erkennen zu können? Bedeutet der Triumph der Wahrheit, dass die Wüste wächst? Bleiben die Wälder nicht stets eine dunkle Bedrängnis für die Kulturen, die als Lichtung in sie hineingeschlagen wurden?

Dazu eine andere Geschichte, die älteste: das Gilgamesch-Epos, aufgezeichnet von den Sumerern, 2000 Jahre vor Christus.

Gilgamesch, der sagenhafte König von Uruk, ist der erste Gegner des Waldes. Er möchte den bewaldeten *Berg der Zedern* erobern, den Walddämon erschlagen und die Bäume fällen. Er hat über die Mauern seiner Stadt geblickt und gesehen, wie die Leichen den Fluss hinabtreiben. Gilgamesch lehnt sich gegen die Sterblichkeit auf: er errichtet eine neue Stadt, Mauern gegen die wuchernde und verwesende Vegetation: *Ich möchte das Land betreten, ich möchte meinen Namen aufrichten.* Am Ende wird ihn die Verzweiflung einholen: unter den abgehauenen Stämmen, die er den Fluss hinabschickt, sieht er seinen eigenen Kadaver treiben. In der Lichtung, die er schlägt, wird er selber fallen – diese einfache Einsicht heißt bei Anbruch der Zivilisation »Weisheit«. Sie erinnert an die schwierige Kunst, mit den Wäldern um uns und in uns, mit unserer Kreatürlichkeit also, leben zu können. Schwierig ist diese Kunst, weil wir nicht nur natürlich, sondern auch künstlich sind. Wir transzendieren die Natur, indem wir etwas aus ihr machen. Wir befinden uns irgendwo zwischen Gott und Tier, zwischen Baum und Borke. Das Gilgamesch-Epos drückt das so aus:

Der Mensch, der größte, kann sich nicht zum Himmel strecken,
Der Mensch, der breiteste, kann die Erde nicht bedecken.

Im griechischen Mythos erleidet Pentheus, der Held der Stadt, der sich gegen die dunkle Naturmacht des Dionysos auflehnt, ein ähnliches Schicksal wie Gilgamesch. Er wird von den rasenden Frauen in den Wäldern des Dionysos, wo er nach dem Rechten sehen wollte, zerrissen. Die Stadtleute können in den Wäldern nur noch seine Leichenteile einsammeln.

Für die griechische Antike blieb eine tragische Spannung zwischen dem Dunkel des Waldes und der Ordnung der Stadt, zwischen Natur und Zivilisation. Die Erfahrung dieser Spannung ging auch in christlicher Zeit nicht verloren.

Wohl in der Mitte unseres Lebensweges
geriet ich tief in einen dunklen Wald,
so dass vom graden Pfade ich verirrte …

So beginnt Dantes *Göttliche Komödie.* Der Wald wird zur Vorhölle. Er ist die Wildnis von Sünde und Tierhaftigkeit. Nur mit göttlichem Beistand findet man einen Weg ins Freie. Deshalb lässt sich die ganze Geschichte auch als Komödie erzählen, das göttliche Geleit macht sie sogar zur göttlichen Komödie. Überwunden ist die antike tragische Kollision zwischen Natur und Stadt, Wildnis und Zivilisation. Wir werden, so das christliche Versprechen, über die Wälder in uns und um uns triumphieren können.

Dante setzt auf Gott, Descartes auf eine Vernunft, in welcher der Gott der Geometrie lebt. Im »Diskurs über die Methode« erzählt Descartes die Geschichte des Weges, auf dem er durch Zweifel und Verzweiflung zur Wahrheit gefunden haben will. Er musste zunächst einige *provisorische* Prinzipien – es waren geometrische und mathematische – aufstellen, ihnen strikt folgen und sehen, was daraus folgt. Er habe dabei, schreibt er, die Reisenden nachgeahmt, *die, wenn sie sich im Walde verirrt finden, nicht umherlaufen und sich bald in diese, bald in jene Richtung wenden, noch weniger an einer Stelle stehen bleiben, sondern so geradewegs wie möglich immer in derselben Richtung marschieren und davon nicht aus unbedeutenden Gründen abweichen sollten, obschon es vielleicht im Anfang bloß der Zufall gewesen ist, der ihre Wahl bestimmt hat; denn, so werden sie, wenn sie nicht genau dahin kommen, wohin sie wollten, wenigstens am Ende irgendeine Gegend erreichen, wo sie sich wahrscheinlich besser befinden als mitten im Wald.*

Wohin der Weg Descartes' führte, wissen wir nur allzu gut, weil wir uns immer noch dort befinden, wo er ankam; in den Städten *more geometrico.* Das sind dann andere Städte als jene alten gewachsenen, verwinkelten, von keinem Zentralwillen konzipierten, an die Descartes nur mit Schaudern denken kann, wenn er sie vergleicht *mit jenen regelmäßigen Plätzen, die ein Ingenieur nach freiem Entwurf auf einer Ebene absteckt.*

Von solchen Plätzen aus blicken wir uns heute um und sehen: Wälder, die in Rauch aufgehen, Holzplantagen und Parks. Irgendetwas muss schief gelaufen sein. Diese Zweifel plagten schon das späte 18. Jahrhundert.

Rousseau sucht die Waldeinsamkeit in den Parks der Städte und der herrschaftlichen Landsitze. Dort träumt er von der Rückkehr zur Natur, die er sich zurechtmacht nach dem Bilde seines Aufenthaltes, der Zivilisationsoase: domestiziert, kultiviert und harmlos. Alles andere als eine Wildnis. Rousseaus Sehnen geht nach dem romantischen Wald, der von den guten Wilden bevölkert ist, während die Untiere in der Zivilisation hausen.

Die Wälder werden im 19. Jahrhundert für die einen zum Hort des Guten, Schönen und Wahren, für die anderen zur Nische des Geheimnisvollen und Unheimlichen. Aber es sind doch immer auch die Wälder der Nostalgie, des Sinnbilds, des Symbols. Eine poetisch philosophische Ressource, von den Waldmärchen der deutschen Romantik bis zu Heideggers »Holzwegen«.

Das Ganze ist eine Geschichte vom langsamen Abbau der mythischen Potenziale, der Entzauberung und Rodung, des Wachsens der Wüste. Die Welt geht ans Netz und sie geht der gleichförmigen Globalisierung – ins Netz. Was hier verschwindet, ist die äußere Entsprechung der inneren Transzendenz des Menschen, eine Transzendenz ohne metaphysische Konstruktion. In der Undurchdringlichkeit der äußeren Natur – wofür sinnbildlich der »Wald« steht – erfahren wir, die wir auch Natur sind, das eigene Geheimnis. Die Wälder spiegeln uns die Fremdheit zurück, die auch in unserem eigenen Selbstverhältnis waltet. Wer sich dieser Fremdheit aussetzt, behält Fühlung mit dem Mysterium des Lebens. Aber Vorsicht: dieses Mysterium verspricht keine Erlösung. Im »Wald« finden wir keine Antwort, sondern wir vernehmen nur ein rätselhaftes Echo unserer Fragen. Das musste Henry David Thoreau erfahren, als er 1845 am Jahrestag der amerikanischen Unabhängigkeit für einige Zeit in eine Waldhütte zog, die er sich selbst gebaut hatte. Über das Motiv seines Waldganges schreibt er: *Ich zog in den Wald, weil ich den Wunsch hatte, mit Überlegung zu leben, dem eigentlichen, wirklichen Leben näher zu treten, zu sehen, ob ich nicht lernen konnte, was es zu lehren hatte, damit ich nicht, wenn es zum Sterben ginge, einsehen müsste, dass ich nicht gelebt hatte … Wir wollen uns niedersetzen und arbeiten und durch den Schlamm und Kot der Meinungen, Vorurteile, der Tradition, der Täuschung und des Scheins, der Anschwemmung, welche die Erdkugel bedeckt, durch Paris und London, durch New York, Boston und Concord, durch Kirche und Staat, durch Poesie, Philosophie und Religion hindurch unsere Füße wetzen und reiben, bis wir auf harten Boden und Felsen an einen Ort gelangen, den wir Wirklichkeit nennen …*

Thoreau ist im Wald auf der Suche nach der wirklichen Wirklichkeit. Das Leben im Wald aber wird ihn lehren, dass die Natur ihn zu seiner eigenen Entfremdung zurückruft. Sie nimmt ihm die Verantwortung für seine Existenz nicht ab. Sie spendet nicht das Heil pränataler Geborgenheit. Sie ist keine Mutter. Sie lässt uns unsere Freiheit und damit auch die Erfahrung der Fremdheit und Entfremdung, ohne die es keine Freiheit gibt. Wir entdecken uns in der Natur inmitten von etwas Absolutem, das wir nicht besitzen und das sich weigert, uns in seine Obhut zu nehmen. Nach einem Jahr verlässt Thoreau die Wälder. Ihm hat sich eine Natur gezeigt, die gleichgültig bleibt gegenüber seinen Träumen. Aber er wird aus den Wäldern als ein Verwandelter in die Stadt zurückkehren.

Thoreau suchte die Wälder auf, weil es ihm im Dickicht der Städte zu eng geworden war. Er antizipierte eine Situation, der wir uns heute nähern: Während sich die wirklichen Wälder langsam zurückziehen, kehren sie in einer anderen Dimension wieder, als »Wald« der Zeichen, der Informationen, Interpretationen, Signale. Thoreau spricht vom *Schlamm und Kot der Meinungen, Vorurteile, der Tradition, der Täuschung und des Scheins …* Aber Thoreau lernt, dass die Flucht in die Wälder ihn nicht von der eigenen Verwirrung befreit. Er wird dort keine Lichtung finden, wenn er ihre Voraussetzungen nicht in sich selbst entdeckt. Er wird seine eigene Lichtung schaffen müssen – auch im Dickicht der Städte.

Früher gab es drei Wirklichkeiten: den Menschen, die Natur und Gott. Zuerst verschwand Gott – der große Andere, der Garant für Geräumigkeit, der Eröffner des größten Spielraums. Geblieben war noch die Natur als die Wirklichkeit des Anderen. Wenn aber auch die Natur vom menschlichen Machen durchdrungen wird, kommt es dahin, dass man auch dort nur noch dem geheimnislosen Produkt des eigenen Tuns begegnet. Und dann gibt es das globale Netzwerk der Zivilisation mit ihren Menschen, die sich immer ähnlicher werden. Früher waren die Wälder das Symbol des Geheimnisvollen, Schicksalhaften und Ungeheuren einer Welt, die noch etwas ganz anderes war als man selbst. Aus diesen Wäldern ist das Dickicht von menschlichen Angelegenheiten und Symbolen geworden. Und deshalb nähern wir uns der Epoche der globalen Platzangst.

Wieder brauchen wir in diesem globalen Dickicht eine Art Lichtung. Wie man früher Lichtungen in die Wälder der ersten Natur geschlagen hat, so muss man jetzt wohl – was Thoreau gelernt hatte – Lichtungen in diese »zweite«, die künstliche Natur schlagen.

IX
Irrlichter der Lichtung

Was bedeutet eine solche Lichtung?

Selbstverständlich denke ich jetzt aus der Perspektive des Individuums. Es geht nicht darum, was eine vernünftige Politik, getragen von Staaten, Organisationen, Bürgerinitiativen, gegen verhängnisvolle Aspekte der Globalisierung tun und ausrichten können (Marktöffnung für Produkte der Dritten Welt, Regulierung der Finanzmärkte, soziale und ökologische Mindeststandards für den Welthandel, ökologische Steuerreform usw.). Es geht nicht um die notwendigen politischen Strategien und Widerstandsformen von Gruppen, sondern um das Leben des Einzelnen im Erfahrungshorizont der globalen Vernetzung. Diese durchdringt, wie wir inzwischen wissen, den Einzelnen so, dass er sich ohnmächtig und bedeutungslos fühlt. Natürlich kann der Einzelne nach außen nicht viel bewirken, aber er kann auf sich selbst wirken und versuchen, sich gegen fatale Wirkungen von außen abzuschirmen. Über die Lebbarkeit im Hier und Jetzt entscheidet nicht nur die Struktur des Ganzen, sondern auch der Einzelne, der Spielräume entdecken kann, was nicht zwangsläufig bedeutet, dass er sie auch nutzt; und noch weniger muss das die Konsequenz haben, dass er sie geschickt und selbstbewusst ausweitet. Aber erst das würde bedeuten, dass er sich eine eigene Lichtung schlägt im Dschungel des Sozialen.

Wenn man die Lichtung als jenen Raum versteht, den der Einzelne braucht, um ein Individuum zu sein, wenn man also darüber nachdenkt, wie der Eigensinn des Individuums gegenüber dem Sozialen bewahrt werden kann, gerät man in die Geschichte einer alten Depression. Denn seit mehr als zweihundert Jahren gibt es die Klagen darüber, dass die Gesellschaft das individuelle Leben erstickt. So lange schon ist von der Krise oder gar der Tragödie der Kultur die Rede. Die Zumutungen der Globalisierung sind unter diesem Gesichtspunkt Potenzierungen jener Gewalt, die spätestens seit Rousseau als gesellschaftliche Entfremdung beschrieben wird. Das gesellschaftliche Ganze, worunter Leute wie Rousseau litten und worüber sie Klage führten, war noch lokal begrenzt. Mit der modernen Globalisierung hat es sich ausgeweitet, entgrenzt. Doch geblieben ist das Gefühl der Krise im Verhältnis des Individuums zur Gesellschaft. Darum ist es sinnvoll, sich zu vergegenwärtigen, worüber Klagen geführt und welche Auswege aus der Krise schon einmal ersonnen wurden, welche Lichtungen gesucht und welchen Irrlichtern man schon gefolgt ist.

Beginnen wir mit Rousseau, dem Begründer der modernen Kulturkritik, in deren Tradition auch das neue Unbehagen an der Globalisierung steht.

Es ist ein Sommertag des Jahres 1749, als Rousseau von Paris aufbricht, um seinen Freund Diderot im Gefängnis zu besuchen. Unterwegs macht er Rast unter einem Baum und dort erlebt er seine große Inspiration: *O hätte ich jemals nur einen Bruchteil dessen schildern können, was ich unter diesem Baum gesehen und gefühlt habe! Mit welcher Klarheit hätte ich alsdann all die Widersprüche unserer sozialen Ordnung aufzeigen können; mit welcher Kraft hätte ich alle Missbräuche unserer Einrichtungen darlegen, mit welcher Deutlichkeit hätte ich beweisen können, dass der Mensch von*

Natur gut ist, und dass nur die Einrichtungen es sind, die ihn schlecht machen.

In diesem Augenblick überwältigt Rousseau die berauschende Gewissheit: Das Individuum mit seinem potenziellen Reichtum ist die Wahrheit – dort draußen, in der Gesellschaft, herrscht ein Mechanismus der Lüge. Die Gesellschaft raubt dem Individuum seine Wahrheit und seine Lebendigkeit. Sie entfremdet ihn von sich selbst. An diesem Sommertag des Jahres 1749 wurde unter einem schattenspendenden Baum die Entfremdungstheorie erfunden, die ihre Schatten auch noch über die gegenwärtigen Diskurse wirft. Seit Rousseau sind wir davon überzeugt, dass eine bestimmte Art der Vergesellschaftung den Menschen verstümmelt und in die Unwahrheit geraten lässt. Dieses philosophisch versierte Unbehagen an der Gesellschaft blickt zurück und entdeckt eine lange Vorgeschichte. Für Rousseau beginnt sie damit, dass die Menschen sich durch das Streben nach Besitz und Eigentum voneinander abgrenzen. Die Eigentumsverhältnisse verursachen Konkurrenz, Hierarchien, Verfeindungen, wechselseitiges Misstrauen, Maskierungen und Täuschungen. Kurz, die ganze kritikwürdige Kultur einer Gesellschaft, die Rousseau verwirft. Kritisieren ist leicht, wie aber findet man, wenigstens für sich selbst, einen Weg aus der Misere?

Rousseau würde nicht jenes bis heute nachhallende Echo gefunden haben, wenn er uns auf weite Wege geschickt hätte: in dunkle Vergangenheiten, in exotisch ferne Länder, in eine unabsehbare Zukunft. Nein, Rousseau deutet auf den scheinbar kürzesten aller Wege: Geht in euch, ruft er uns zu, dort findet ihr alles. Wir sollen Lasten des Wissens und der Gewohnheiten, die ins System verstricken, abwerfen. Es ist, als müssten wir uns nur einen Ruck geben, und das gesellschaftliche Netz, in dem wir gefangen sitzen, zerreißt. Rousseaus Denken hält das verlockende Angebot bereit, dass man der Misere entkommen kann, indem man die Lust entdeckt, ein Individuum zu sein. Die Tür, durch die wir bei uns eintreten können, steht noch offen.

Jean-Jacques Rousseau hat die Konstellation von Innen und Außen neu konfiguriert. Das Innen erfährt eine ungeheure Aufwertung: dort darf man seitdem das wahre Leben vermuten; das gesellschaftliche Äußere demgegenüber erscheint als seelenloser Mechanismus. Rousseau hat, mit unabsehbaren Folgen für unsere Kultur, die »Wahrheit« des Innen polemisch gegen das Außen gekehrt; ein Außen, das in dieser Entgegensetzung zwangsläufig als Universum der Entfremdung erscheinen musste.

Die späteren Philosophien der Entfremdung vertrösten auf gesellschaftliche Großprojekte der »Emanzipation« oder statuieren einen übermächtigen Verblendungszusammenhang. Anders Rousseau. Für ihn gibt es, was Adorno bestreitet: ein richtiges Leben im falschen. Das individuelle Leben kann gelingen, auch wenn das gesellschaftliche Ganze dem entgegensteht. Es gelingt, sagt Rousseau, wenn ich jetzt und hier zu mir komme. Wohin aber kommt man, wenn man zu sich kommt?

Rousseau spricht vom eigenen Selbst wie von einem verborgenen Schatz voller Verheißungen und Glücksversprechen, ähnlich hat Goethe später seinen Werther ausrufen lassen: *Ich kehre in mich selbst zurück und finde eine Welt* … Hier artikulieren sich die Hochgefühle der Befreiung von Rollenzwang, Vorurteilen, Verkrampfungen. Plötzlich kann man mit sich selbst wieder befreundet sein, auch mit dem eigenen Leib; man will die Natur umarmen, die Einbildungskraft wird rege und belebt alles, die schöpferische Freiheit erwacht und mit ihr der Mut zur Gegenwart; man fühlt sich zum Handeln ermuntert und stark genug, um dem Druck der Geschichte widerstehen zu können. Freiheit ist die Fähigkeit, neu anzufangen, sie ist die Proteus-Natur, die verhindert, dass man in gesellschaftlichen Rollen aufgeht. Das freie Selbst, auf das Rousseau zurückkommen will, ist eine Art innere Transzendenz: Bedingung der Möglichkeit schöpferischen Handelns und insofern Verkörperung des Möglichkeitssinns.

Diese »Entdeckung« Rousseaus, dass es im eigenen Selbst eine Lichtung geben kann, veraltet nicht. Sie ermuntert nach wie vor zur Entdeckung eigener Möglichkeiten.

Aber vergessen wir nicht das Drama, das sich aus der Erfahrung der eigenen Freiheit ergeben kann und bei Rousseau ergeben hat. Wer, wie Rousseau, mit der Freiheit und ihrer schöpferischen Unberechenbarkeit bekannt geworden ist, dem kann nicht verborgen bleiben, dass sich dort draußen, wo es die vielen Freiheiten der Anderen gibt, ein riesiges Feld von Unberechenbarkeiten auftut. Aus der Lust an der eigenen Freiheit wird die Angst vor den vielen Freiheiten der Anderen. Rousseau geriet darüber in Panik. Deshalb träumte er von der Gesellschaft als großer Kommunion, wo alle ein Herz und eine Seele sind und die vielen Freiheiten aufgehen in der einen großen Freiheit, in der alle zusammenstimmen. Die eine große Freiheit – welche soll das sein? Es kann nur die sein, die ich von innen her kenne, und so kenne ich nur eine: meine.

Diese Sehnsucht nach der Gesellschaft als großer Kommunion endet bei der Aufhebung der Freiheit. Die Gesellschaft soll aufhören, etwas Äußeres zu sein; sie soll zu einem einzigen Innen werden. Welche Gefahr diesen Phantasmen innewohnt, wissen wir, seit Robespierre unter Berufung auf Rousseaus »volonté générale« den Terrorismus der Tugend praktizierte. Das Einheitsverlangen, das kein Außerhalb und das heißt: keine Verschiedenheit mehr erträgt, muss, wenn es politisch wird, ins Gefängnis des Totalitären führen.

Mit der Entdeckung des Selbst und der eigenen Freiheit ist es also nicht getan, man muss auch die Freiheit der Vielen und die Unberechenbarkeit, die sich daraus ergibt, ertragen können. Wer dazu nicht imstande ist, wird weiterhin im Genuss seiner Freiheit schwelgen und, wie Rousseau, von einer Gesellschaft der großer Kommunion träumen, wo es nicht mehr die vielen Freiheiten, sondern nur den Einklang der Herzen gibt. Vom heißen Gefühl der Identität aus erscheint die Gesellschaft als Raum der kalten Differenzen. Wer aber Freiheit zusammen mit der Freiheit der anderen will, wird die Differenzen hinnehmen und auf den gesellschaftlichen Einklang der Herzen verzichten müssen.

Rousseau hat für lange Zeit das Schema vorgegeben: lebendiger subjektiver Geist gegen den gesellschaftlichen Mechanismus, der im Ganzen zwar produktiv ist, den Einzelnen aber zum Rädchen und Schräubchen degradiert. Bei Rousseau findet sich aber auch die klassische Formulierung des Ausweges: der archimedische Punkt ist das im gesellschaftlichen Subjekt verhüllte »wahre« Selbst. Jeder kann es bei sich finden, dort ist die Lichtung und von dort aus lässt sich das gesellschaftliche Ganze umwälzen. Die wahre Revolution ist die Revolution der Seele. Das dynamische Zentrum liegt im Inneren.

Konträr dazu das zweite klassische Modell der Krisenbewältigung, das marxistische.

Für Marx liegt die Dynamik im Äußeren, im gesellschaftlichen Prozess. Rousseau will das wahre Selbst gegen den Gesellschaftsmechanismus mobilisieren, Marx will ihn für die Befreiung nutzen. Mit moralischen und schöngeistigen Forderungen ist dem gesellschaftlichen Prozess allerdings nicht beizukommen. Man muss seine immanenten Widersprüche entdecken und politisch instrumentalisieren. Grundlegend ist für ihn bekanntlich der Widerspruch zwischen Kapital und Arbeit, zwischen Produkt und Produzent. Die Kritik der gesellschaftlichen Entfremdung ist das rousseauistische Erbe dieser Theorie. Aber seit Rousseau hat sich zwischen den Einzelnen und das gesellschaftliche Ganze ein industrieller Maschinenpark geschoben. Und so konnte Marx auf die Idee kommen, dass auch die Geschichte wie eine Maschine arbeitet. Die Bourgeoisie, schreibt er, *produziert vor allem ihren eigenen Totengräber. Ihr Untergang und der Sieg des Proletariats sind gleich unvermeidlich.*

Marx entdeckt dort draußen – in der Geschichte, im gesellschaftlichen Prozess – eine Zwangsläufigkeit der Befreiung. Die Lichtung ist demzufolge nicht in der Innerlichkeit der Selbsterfahrung, sondern sie ist jenes Licht am Ende des geschichtlichen Tunnels. Dort erst, so seine Vision, würde die Menschheit erwachen wie aus schweren Träumen. Bis dahin aber muss man mit längeren Fristen rechnen und sich strategisch geschickt mit der geschichtlichen Dynamik verbinden.

Das Licht am Ende des geschichtlichen Tunnels hat sich als Irrlicht erwiesen. Der real existierende Sozialismus war nicht die große Befreiung, sondern ein graues und grausames Völkergefängnis, terrorisiert oder bevormundet von einer ideologischen Elite. Wenn »Lichtung« Gewinn von Freiheit und Souveränität bedeutet, dann hat der kommunistische Weg von einer solchen Lichtung weggeführt. Man hat sich im Gestrüpp einer Geschichte verirrt, von der man glaubte, sie ließe sich im Sinne der eigenen Pläne beherrschen. Das Vertrauen in die angeblich objektive Dynamik einer Fortschritts-Geschichte ist bitter enttäuscht worden. So viel zum Vertrauen in die Logik des Außen.

Und was das Innen betrifft – die Vorstellungen Rousseaus also, wonach das wahre Selbst zum Muster der Vergesellschaftung werden sollte –, so hat sich gezeigt, dass dieses Konzept zur Verfeindung mit der Pluralität, mit den vielen Freiheiten, führt. Die Lichtung des einen wird zur Verfinsterung für die anderen. So viel zum Vertrauen in die Logik des Innen.

Es kommt wohl doch darauf an, dass man eine Lichtung findet, weder ganz innen, wie bei Rousseau, noch ganz außen, wie bei Marx.

X
Platz schaffen

Ich stelle mir vor: Man kommt irgendwoher und will irgendwohin und man kann sich nicht verhehlen, dass die Verhältnisse, in denen man sich vorfindet, unübersichtlich, also waldartig sind. Man hat sich verirrt, ein Gefühl, das heutzutage der Normalzustand ist. Man beginnt nach einer Lichtung zu suchen.

Da gibt es nun die Möglichkeit, nach Ursprüngen zu suchen, nach dem wahren Selbst, nach einem Punkt, wo der falsche Weg begann. Die Gefahr: Man verirrt sich nach rückwärts oder nach innen.

Dann gibt es die Möglichkeit: Geradeaus marschieren, um dort anzukommen, wo man glaubt hinzugehören: Wachstum, Fortschritt. Die Gefahr: Man verirrt sich nach vorwärts oder nach außen.

Die dritte Möglichkeit: Sich am Ort der gegenwärtigen Verirrung niederzulassen und, unbekümmert um Ursprung und Ziel, eine Lichtung zu schlagen. Lichtung: das lebbare Provisorium, das Wohnen in der Verirrung, der Triumph des Anfangenkönnens an Ort und Stelle, hier und jetzt, eine freie Stelle mit Blick zum überwölbenden Himmel, umringt vom Wald der Zivilisation, der aber auf Abstand gehalten ist.

Die Gelassenheit des Abstandhaltens setzt die Einsicht voraus, dass die Geschichte insgesamt auf kein Ziel zusteuert, das in einer ominösen Zukunft erreicht wird. Geschichte ist keine Fahrt, bei der man unterwegs, wie bei der Eisenbahn, den Anschluss verpassen könnte. Die Geschichte ist immer schon angekommen, in jedem Augenblick ist sie am Ziel. Und was die langfristigen Pläne und Vorhaben betrifft, wird man immer darauf gefasst sein müssen, dass es anders kommt, als man denkt. Im Gestrüpp der Geschichten gibt es keine unabgelenkte Realisierung eines Planes. Geschichte ist das von keinem so beabsichtigte Resultat zahlloser Einzelabsichten, die sich kreuzen, verschlingen, ablenken. Deshalb gibt es auch nur ein Handeln im Handgemenge mit beschränkten Aussichten, ein Gemisch aus Zufällen, Kompromissen, Irrsinn, Klugheit und Gewohnheit. Der Mensch, statt Geschichte zu machen, ist in Geschichten verstrickt, reagiert darauf, wodurch wieder neue Geschichten entstehen. Geschichte ist das Gewimmel aus Geschichten und deshalb notorisch unübersichtlich.

Hier eine Lichtung schlagen bedeutet, im Gewimmel der Geschichten die eigene Geschichte entdecken, energisch festhalten und ihren Faden fortspinnen im Bewusstsein, dass sich die eigene Geschichte doch im Gewirr der vielen Geschichten verstricken und am Ende verlieren wird. Es heißt Abschied nehmen von der Illusion, dass es eine Lichtung als Kommandohöhe gibt, von der aus Geschichte insgesamt gesteuert werden könnte.

Eine Lichtung schlagen bedeutet weiterhin, Verhaltens- und Denkweisen pflegen, die zur globalistischen Hysterie nicht recht passen wollen: die Verlangsamung, den Eigensinn, den Ortssinn, das Abschalten, das Unerreichbar-Sein. Aber vergessen wir nicht: Im kommunikativen Netz gibt es keine Nicht-Kommunikation, denn auch sie ist ein kommunikativer Akt. Das weiß jeder Handy-Besitzer. Er ist potenziell immer erreichbar und trägt deshalb die Begründungslast, wenn er es nicht ist.

Er mag sein Gerät ausstellen, er selbst ist, ob er es will oder nicht, auf »Stand-by«-Funktion geschaltet. Die ständige Erreichbarkeit, das Ideal der Kommunikationsgesellschaft, gilt als Fortschritt, wobei man offenbar vergessen hat, dass früher nur das »Personal« ständig erreichbar sein musste. Heute drängt man offenbar danach, sich vom Kommunikationsnetz als Dienstbote anstellen zu lassen. Es wird suggeriert, dass es auf allseitige Öffnung und ständige Kommunikationsbereitschaft ankommt. Dabei wird vergessen: Nicht nur der Körper, auch unser Geist braucht einen Immunschutz; man darf nicht alles in sich hineinlassen, sondern nur so viel, wie man sich anverwandeln kann. Die Logik der kommunikativ vernetzten Welt aber ist gegen den kulturellen Immunschutz gerichtet. In der Informationsflut ist man verloren ohne ein wirkungsvolles Filtersystem. Man kann es sich nur verschaffen, wenn man weiß, was man will und was man braucht. Wer sich dem Kommunikationszwang nicht beugt, müsste sich von dem Ehrgeiz befreien, immer auf der Höhe der Zeit und an der Spitze der Bewegung zu sein. Nicht ans Netz gehen zu müssen, ist fast schon ein Privileg, ebenso wie in die Nähe sehen zu können, statt Fernsehen. *Wir müssen wieder,* sagte Nietzsche, *gute Nachbarn der nächsten Dinge werden.*

Aber sind diese Manöver der Entlastung, der Selbstbesinnung auf die nahen Dinge nicht bereits Mode geworden? Ist der Menschentypus, der es sich schwer macht, der sich belasten lässt mit Wissen und Verantwortung, nicht in Rückbildung begriffen? Verwandelt sich unsere Zivilisation, in welcher der Anteil der »Singles« wächst, nicht in eine Gesellschaft von Endverbrauchern, die, aus der Generationenkette gelöst, nur noch für sich selbst sorgen? Wer lässt sich noch mit Sinn für Verantwortung in die Gesellschaft verstricken statt nur ihre Angebote zu konsumieren? Hat nicht das Paradigma der Vereinfachung und Erleichterung Konjunktur? Es gibt modische Trends, die fordern: Entrümpeln Sie Ihr Leben! Es wird empfohlen, geistigen und materiellen Ballast abzuwerfen. Eine Empfehlung, die auf der Voraussetzung fußt, dass dem Gerümpel, das sich in der Wohnung ansammelt und die Beweglichkeit behindert, eine geistige Überfüllung entspricht, ein Ballast von Bedenklichkeiten und Wissen, der einen daran hindert, das Leben frohgemut in die eigene Hand zu nehmen. Tatsächlich verbirgt sich in den Entrümpelungs-Ratschlägen ein Angriff auf die alteuropäische Tradition der Ernsthaftigkeit, des Schwernehmens, der Belastbarkeit durch Komplexität. Mit diesen Konzepten, die von Ferne an Nietzsches Befreiungsschlag gegen den Historismus erinnern, wird gewiss auch eine Lichtung ins Dickicht der modernen Zumutungen geschlagen.

Auf den ersten Blick hat es den Anschein, als würde hier die Entfaltung des Individuums in den Mittelpunkt gestellt. Doch es handelt sich dabei um ein Individuum nach dem Modell des selbstbewussten Konsumenten, der geschmackssicher aus einem reichen Angebot auszuwählen versteht und darauf achtet, die Anhänglichkeit an Menschen und Dinge in Grenzen zu halten. Eine Lebensführung nach dem Einweg- und Wegwerfprinzip. Platz schaffen durch schnellen Verbrauch, schnellen Durchlauf. Diese Konzepte sind marktgängig und favorisieren ein entkerntes Individuum, und deshalb sind sie Teil des Problems, als dessen Lösung sie ausgegeben werden, denn die Bedeutung des Individuums erschöpft sich nicht in der Funktion des souveränen Endverbrauchers. Was bedeutet es, ein Individuum zu werden?

Wilhelm von Humboldt schrieb kurz vor seinem Tod in einem Brief: *Wer, wenn er stirbt, sich sagen kann: »Ich habe so viel Welt, als ich konnte, erfasst und in meine Menschheit verwandelt« – der hat sein Ziel erreicht.* Die Welt in die »Menschheit«, die man selbst ist, zu verwandeln – darauf kommt es an. Die Kraft zu solcher Anverwandlung sollte der Neugier auf Welt das Maß setzen. Aber das ist, wie wir wissen, leichter gesagt als getan, wenn im Gegensatz dazu die allseitige Öffnung und ständige Kommunikationsbereitschaft zur Norm erhoben wird. Voraussetzung für die Entwicklung des Individuums im Humboldtschen Sinne ist, dass man eine Idee von der Gestaltung des eigenen Lebenskreises hat, mit deren Hilfe die Fülle der Reize und Informationen vorsortiert, ausgeschieden und verarbeitet werden kann. Diese Kraft zur Gestaltung des eigenen Lebens nannte man früher »Bildung«. Bildung ist von Ausbildung zu unterscheiden. Bildung ist als Entfaltung des Individuums ein Selbstzweck, Ausbildung demgegenüber ist ein Mittel zur Qualifikation für den Arbeitsprozess. Selbstverständlich brauchen wir beides, Bildung und Ausbildung. Während die Ausbildung uns in ein externes Netz verknüpft, ist die Bildung die Entfaltung jenes Netzwerkes, das jeder für sich selbst ist.

Dass die Moderne Ausbildung verlangt, Bildung aber nicht begünstigt, ist früh bemerkt worden. Bei Schiller lesen wir: *Ewig nur an ein einzelnes kleines Bruchstück des Ganzen gefesselt, bildet sich der Mensch selbst nur als Bruchstück aus, ewig nur das eintönige Geräusch des Rades, das er umtreibt, im Ohre, entwickelt er nie die Harmonie seines Wesens, und anstatt die Menschheit in seiner Natur auszuprägen, wird er bloß zu einem Abdruck seines Geschäfts.* Man müsse, schreibt Schiller weiter, *von Individuum zu Individuum herumfragen …, um die Totalität der Gattung zusammen zu lesen.* Der Bildungsidealismus um 1800 träumte davon, dass der Einzelne trotzdem ein Ganzes werden möge, eine Totalität im Kleinen. Schiller hat diesen Zweck mit der *ästhetischen Erziehung des Menschen* zu erreichen versucht. Im Genuss oder bei der Herstellung von Kunst erfährt der Mensch, so argumentiert er, einen in sich abgeschlossenen Sinnzusammenhang, der alle Kräfte – die der Sinnlichkeit, des Verstandes und des Gefühls – beansprucht und kultiviert; ein Sinnzusammenhang, der nicht zweckhaft und dienstbar auf etwas Anderes bezogen ist, sondern Sinn und Zweck in sich selbst trägt und deshalb souveräne Würde besitzt. In der kleinen Totalität der Kunst-Provinz spielt der Mensch mit seinen *Wesenskräften* und kompensiert die Verstümmelungen, die ihm die arbeitsteilige Gesellschaft zufügt.

Dass diese ästhetische Erziehung keine gesellschaftliche Breitenwirkung haben kann und als politische Strategie wenig taugt, das wusste auch Schiller. Er erwartete von der Ästhetik keine grundlegende Veränderung der misslichen Wirklichkeit, es war ihm genug, wenn ästhetischer Sinn Schutz bot gegen verwüstende Wirkungen dieser Wirklichkeit. Die *ästhetische Erziehung des Menschen* war ein defensives Konzept. Es wandte sich an die wenigen Einzelnen, die mehr wollen als arbeiten, konsumieren und funktionieren; die die »Menschheit« in sich entwickeln wollen – zuerst auf der Probebühne der Kunst und dann vielleicht auch im sonstigen Leben. Als defensives Konzept für wenige ist es auch weiterhin aktuell. Von der Kunst lässt sich lernen, wie bedeutsam Einschränkungen und Grenzziehungen sind. Es ist der Wille zur Form, der eine streng umgrenzte Sinnzone schafft, die wir dann Kunst nennen und vom übrigen Alltag unterscheiden. Kunstwerke, die diesen Namen verdienen, sind formal geschlossen und ermöglichen so die Erfahrung von offener Weite in enger Begrenzung. Sie zeigen Fülle in der Begrenzung und können deshalb eine Schule für ein Leben sein, das sich nicht verzetteln möchte. Der ästhetische Sinn gibt einen Vorgeschmack auf die Lust der Souveränität.

Globalität bringt uns mit immer mehr Wirklichkeit in Berührung, und es ist schwer, hier die Souveränität zu bewahren. Souverän wäre, wer selbst darüber entscheidet, worin er sich verwickeln und was er auf sich beruhen lässt. Diese Souveränität setzt existenzielle Urteilskraft voraus. Man muss nämlich ein Gespür für das haben, was einen wirklich angeht; muss Abstufungen der Dringlichkeit unterscheiden und die Reichweite des eigenen Handelns erkennen können. Die Globalisierungshysterie besteht darin, dass diese Unterscheidungsfähigkeit zwischen dem existenziell Nahen und Fernen beeinträchtigt oder gar schon zerstört ist. Das meinte Goethe mit seinem Hinweis, es sei immer ein Unglück, wenn der Mensch veranlasst werde, nach etwas zu streben, *mit dem er sich durch eine regelmäßige Selbsttätigkeit nicht verbinden* kann. Solange man unter der Suggestion des Satzes: »Es gibt kein richtiges Leben im falschen …« steht, ist es sehr schwer, den Mut zu finden, auf eigene Faust das für einen selbst Richtige, jene *Selbsttätigkeit,* zu ergreifen.

Wer sich seine Lichtung schaffen will im Dschungel des Sozialen und im Überwuchs globaler Kommunikation, wird nicht ohne lebenskluge Begrenzung auskommen können. Wer sein Leben als ein eigenes gestalten will, muss den Punkt kennen, wo er aufhört, sich formatieren und informieren zu lassen. Die Schwierigkeit bei der Bewahrung des Eigensinns vergleicht Karl Jaspers mit dem *Leben auf dem Grat,* von dem man abstürzen kann *entweder in den bloßen Betrieb oder in ein wirklichkeitsloses Dasein neben dem Betrieb.*

Im Zeichen der globalen Kommunikation dringt die Weltzeit in die individuelle Lebenszeit ein. Es sieht so aus, als würde die Weltzeit die individuelle Lebenszeit verschlingen, als käme es nicht mehr auf sie an. Aber es kommt auf sie an. In der individuellen Lebenszeit entscheidet sich für den Einzelnen alles. Was geometrisch eine Unsinnigkeit ist, kann lebenspraktisch gelingen, nämlich dass der größere Kreis im kleinen Kreis der eigenen Lebenszeit enthalten ist, ohne ihn zu sprengen. Davon erzählt Johann Peter Hebel in der wunderbaren Geschichte vom »Unverhofften Wiedersehen«.

Ein Brautpaar im schwedischen Falun. Der Bräutigam fährt am Hochzeitstag in der Frühe noch einmal in die Grube, kommt nicht mehr zurück. Die Braut wartet, sie wartet fünfzig Jahre. *Unterdessen,* so fährt Hebel fort, *unterdessen wurde die Stadt Lissabon in Portugal durch ein Erdbeben zerstört, und der Siebenjährige Krieg ging vorüber, und Kaiser Franz der Erste starb, und der Jesuitenorden wurde aufgehoben und Polen geteilt, und die Kaiserin Maria Theresia starb, und der Struensee wurde hingerichtet, Amerika wurde frei, und die vereinigte französische und spanische Macht konnte Gibraltar nicht erobern … Die Französische Revolution und der lange Krieg fing an, und der Kaiser Leopold der Zweite ging auch ins Grab. Napoleon eroberte Preußen, und die Engländer bombardierten Kopenhagen, und die Ackerleute säeten und schnitten …*

Unterdessen all dies geschah, wartete die Braut, und am Ende, fünfzig Jahre später, findet man den Leichnam des Bräutigams, im Vitriolwasser einer verschütteten Grube, unverwest. Der Lebenskreis schließt sich mit diesem unverhofften Wiedersehen.

Lebensgeschichte, sagen wir, ist in die Weltgeschichte eingefügt, sie ist darin enthalten. Hier jedoch verhält es sich umgekehrt: Weltgeschichte, die in die Lebensgeschichte eingefügt ist, zwischen zwei Gedankenstrichen, locker verknüpft durch dieses unnachahmliche *unterdessen.* So wünschte ich mir, dass man auch die Globalisierung auf Abstand halten könnte, zwischen zwei Gedankenstrichen, nur locker mit dem eigenen Leben verknüpft durch ein »unterdessen«.

Aber vielleicht erfordert eine solche Sicht auf die Dinge des Lebens wieder die Kühnheit jener Giganten, die einst die ersten Wälder gerodet und die ersten Lichtungen geschaffen haben.